Ein Mann des Volkes

Werner Baumann

Ein Mann des Volkes

Aufstieg und Fall des Thurgauer Politikers Ulrich Baumann (1851–1904)

CHRONOS

Informationen zum Verlagsprogramm:
www.chronos-verlag.ch

Umschlagabbildung: siehe Abb. 8, S. 33.

© 2018 Chronos Verlag, Zürich
ISBN 978-3-0340-1462-5

Inhalt

Bruchstücke einer Biografie	7
Ein erstaunlicher Bildungsweg	11
Der Thurgau Mitte des 19. Jahrhunderts	11
Jugend und Bildung	15
Aufstieg dank Umbruch	35
Eine politische Karriere	35
Der Absturz	64
Ein neues Parteiensystem zeichnet sich ab	67
Das Verhängnis	79
St. Pirminsberg	79
Zwischenspiel zu Hause	94
Endstation Münsterlingen	101
Ein exemplarisches Schicksal	121
Dank	123
Anmerkungen	125
Bibliografie	129
Bildnachweis	133

Bruchstücke einer Biografie

«In der Irrenanstalt Münsterlingen ist Herr a. Gerichtspräsident Baumann von Egnach gestorben, 54 Jahre alt. Er gehörte ganz kurze Zeit dem Ständerat an, gewählt im dritten Wahlgang gegenüber dem heutigen thurgauischen Vertreter Leumann als Nachfolger Altweggs. Während einer Session zeigte er derartige Symptome geistiger Erkrankung, dass er in eine Heilanstalt verbracht werden musste. 1890 wurde ohne Opposition sein ehemaliger Gegenkandidat Leumann gewählt.»[1]

Ein Kürzestnachruf in der «Neuen Zürcher Zeitung» an Silvester 1904. Er erwähnt das wichtigste Ereignis im Leben des Verstorbenen – eine umkämpfte Wahl in drei Wahlgängen, die in der gesamten schweizerischen Presse für Aufsehen gesorgt hatte. Und er fügt gleich die aufsehenerregende Wende hinzu, die ihn rasch wieder von der grossen politischen Bühne stiess, ins Abseits des Irrenhauses. Warum lohnt es sich, hinter diese knappen Eckdaten zu blicken? Es zeigt sich, dass sich dahinter eine ungewöhnliche Bildungsgeschichte versteckt, dass der erwähnte Wahlkampf symptomatisch ist für den politischen Wandel, der die Schweiz um die Wende vom 19. zum 20. Jahrhundert erfasste, und dass schliesslich die trostlose Krankengeschichte typisch ist für viele ähnliche Schicksale dieser Zeit. Mein Interesse aber wurde zunächst geweckt, weil ich mit dem Protagonisten verwandt bin.

Ulrich Baumann war mein Urgrossvater – er war allerdings fast fünfzig Jahre vor meiner Geburt schon gestorben. Dennoch war er seltsam präsent in unserer Familie. Da gab es einerseits in unserem Haus Dinge, die es in andern Haushalten unseres Dorfes nicht gab, schon gar nicht in solchen von Bauern, wie es mein Elternhaus war. Da war das siebzehnbändige «Meyers Konversations-Lexikon» von 1894 bis 1897 sowie einige andere alte Bücher. Und da fanden wir Kinder im weitläufigen Estrich einen grossen alten Reisekoffer, der einer Truhe ähnelte, einen Offiziershelm aus dem 19. Jahrhundert, einen Degen, einen Zylinder sowie einen Bierhumpen mit der Inschrift «Auf, Freunde, reichet euch die Hand, 1802»; auch ein Porträt von Garibaldi an der Wand eines Knechtezimmers ging wohl auf ihn zurück. Und da gab es anderseits den Stolz in der Familie auf diesen Mann, der Gerichtspräsident und Ständerat gewesen war und dessen soziales Engagement legendär war. So habe er, sagte man, arme Eheleute umsonst geschieden, und meine Grosstante, seine jüngste Tochter, schwärmte noch in hohem Alter davon, dass sie als Kind auf seinem Schimmel zu den drei Quellen reiten durfte, die er privat gekauft und dann der Gemeinde für die neue Wasserversorgung geschenkt habe. Manche Bauern aber hätten ihnen bei solchen Gelegenheiten Steine und Schneebälle nachgeworfen, da sie ihm sein Engagement für die Wasserversorgung vorwarfen – Wasser könne doch nicht aufwärtsfliessen –, ebenso wie sie ihm seinen Einsatz für gleiche Kirchenbänke für alle übelnahmen; diese ersetzten die bisherige Einrichtung, nach welcher Familienstühle für die Wohlhabenderen im vorderen Kirchenschiff und schlechte Bänke für die Armen im hinteren Teil zur Verfügung standen. Ob er bei diesem Geschäft wirklich dabei war, ist zweifelhaft; sicher nicht beteiligt war er bei der Einführung gleicher Grabsteine für alle, die ihm auch zugeschrieben wurde – diese waren nämlich bereits beschlossen worden, als er noch ein Jugendlicher war.[2]

Getrübt wurde der Stolz der Familie durch den frühen Tod, dem eine mysteriöse Krankheit vorangegangen war, die ihn nach Münsterlingen gebracht hatte, und zwar in jenen Teil des Spitals auf der Seeseite der Landstrasse, der damals noch Irrenhaus hiess – «Münsterlingen Seeseite», sagte man noch zu meiner Jugendzeit vielsagend, wenn von der entsprechenden Klinik die Rede war. Während man in der sozialdemokratischen Familie meines Grossonkels, des älteren Sohns von Ulrich Baumann, den Kindern einen Sturz vom Pferd als Ursache des Verhängnisses nannte, wurde in unserer Familie, der des jüngeren Sohns, die Sache für ungeklärt gehalten, wobei schon auch mal das Wort Syphilis fiel, wenn es um die Krankheitsursache ging.

Es gab für mich also zunächst persönliche, dann aber durchaus auch historisch-politische Interessen, den Fall von Johann Ulrich Baumann (1851–1904) etwas genauer zu untersuchen. Seine Persönlichkeit wird aufgrund der wenigen erhaltenen Quellen zu wenig fassbar für eine eigentliche Biografie, er ist wohl dafür auch zu unbedeutend. Andrerseits ist vieles an seinem Leben durchaus exemplarisch. Es erweist sich nicht nur als ein bemerkenswertes Schicksal in einer nach wie vor nur sehr selektiv erforschten Phase der Schweizer Geschichte, sondern auch als politisch aussagekräftig. Ein ungewöhnlicher Bildungsweg aus dem Bauernhaus an die Universität (was ich ihm hundert Jahre später nachmachen sollte und wohl nicht zuletzt aufgrund seines Vorbilds in der Familie konnte), eine bemerkenswerte politische Karriere im interessanten Umfeld der sich Ende des 19. Jahrhunderts ausdifferenzierenden Parteienlandschaft und schliesslich das lange trostlose Ende in der geistigen Umnachtung, das ein Schlaglicht auf die Zustände der psychiatrischen Kliniken um die Wende vom 19. zum 20. Jahrhundert wirft.

Erstaunlich war für mich, wie wenig Quellen von einer doch so öffentlichen Person in dieser Zeit erhalten sind. In der Familie ist wohl das meiste verloren gegangen, als mein Grossvater in den 1940er-Jahren ins Haus nebenan zog. Die Parlamente der Zeit wurden erst summarisch protokolliert (das stenografische Protokoll der Bundesversammlung etwa wurde just ein Jahr nach Baumanns Zeit eingeführt), sodass man fast ausschliesslich auf die Presse angewiesen ist. Auch ist die politische Strömung der linksliberalen Ostschweizer Demokraten um die Jahrhundertwende nicht nur kaum erforscht, es sind auch keine Nachlässe erhalten. Viele meiner Recherchen endeten in Sackgassen, ein paar kleine Zufallsfunde entschädigten für die Mühe. Paradoxerweise ist so die Zeit der Erkrankung durch die Akten der beiden Irrenanstalten, in denen sich Ulrich Baumann insgesamt fast sieben Jahre aufhielt, am besten dokumentiert. So muss vieles offenbleiben – zahlreiche Fragesätze auf den folgenden Seiten zeugen davon.

Ein erstaunlicher Bildungsweg

Im alten Europa hatte es jahrhundertelang für einen Bauernsohn nur einen Weg zur höheren Bildung gegeben: über eine klerikale Laufbahn. Die politischen und sozialen Umwälzungen des 19. Jahrhunderts änderten das – besonders der ländliche, aber damals fortschrittliche Kanton Thurgau bot dafür Möglichkeiten.

Der Thurgau Mitte des 19. Jahrhunderts

Johann Ulrich Baumann wurde 1851 in Olmishausen, einem kleinen Weiler der grossen Gemeinde Egnach im Thurgau geboren. Das Egnach, das sich zwischen Arbon und Romanshorn vom Bodensee bis zur zweiten Hügelkette Richtung St. Gallen hinaufzieht, ist geprägt von Dutzenden kleiner Dörfer und Weiler. Es ist die grösste Gemeinde des Thurgaus und war damals mit über 3000 Einwohnern auch die bevölkerungsreichste neben Frauenfeld. Der Thurgau galt damals und in den folgenden Jahrzehnten in mancher Hinsicht als fortschrittlicher Kanton und als eine Stütze des neuen, eben erst gegründeten Bundesstaats. Das lag in erster Linie an der politischen Entwicklung dieses mittelgrossen Kantons in der Nordostecke der Schweiz, es war aber auch mit seiner wirtschaftlichen Entwicklung verknüpft.

Die meist sanft hügelige Landschaft mit vielen Dörfern und wenigen Kleinstädten war zwar noch ganz landwirtschaftlich geprägt, doch in manchen Dörfern vor allem ganz im Osten des Kantons, wo das Egnach liegt, breitete sich Heimarbeit aus und mit der Zeit kamen auch Fabriken auf. Diese wirtschaftliche Dynamik verdankte sich in erster Linie der Stickerei, einer komplex und arbeitsteilig organisierten Branche. Ab etwa 1860 entstanden zunehmend Fabriken, befördert durch die 1855 in Betrieb genommene neue Eisenbahnlinie von Romanshorn nach Winterthur (ein Jahr später bis Zürich). So begannen die Orte um das Egnach herum zu wachsen: Romanshorn wurde im Lauf der folgenden Jahrzehnte zum bedeutenden Eisenbahnerdorf, Amriswil wuchs dank der Textilindustrie, und das Kleinstädtchen Arbon, das um 1850 nicht einmal tausend Einwohner hatte, verdoppelte seine Bevölkerung in den 1860er-Jahren, 1888 waren es dann gut 3000 – der grosse Industrialisierungsschub, der es bis 1910 mit fast 10 000 Einwohnern (davon fast die Hälfte Ausländerinnen und Ausländer!) zu einem bedeutenden Industriezentrum machte, setzte dann allerdings erst gegen die Jahrhundertwende ein.

Auch die Landwirtschaft befand sich in einem tiefgreifenden Veränderungsprozess: In wenigen Jahrzehnten verlagerte sich der Schwerpunkt vom Getreidebau auf Milchwirtschaft und – gerade im östlichen Kantonsteil – auf Obstbau. Die Anfang Jahrhundert noch vorherrschende Dreifelderwirtschaft wich zunehmend einer modernen, spezialisierten Landwirtschaft. War um 1830 noch die Hälfte der Fläche Ackerland und nur ein gutes Viertel Wiesen und Weiden (neben zwanzig Prozent Wald), kehrten sich bis 1890 die Verhältnisse um. Der Viehbestand nahm stark zu, der Getreidebau ab – die Eisenbahn veränderte die Agrarpreise. 1861 tauchte erstmals ungarischer Weizen auf dem Rorschacher Getreidemarkt auf – bald war der schweizerische Weizen nicht mehr konkurrenzfähig, bereits in den 1890er-Jahren wurde Getreide mehr des Strohs als der Körner wegen angebaut. Dafür weitete sich auch der Absatzmarkt aus, konnte die Eisenbahn auch Käse und Obst transportieren – an den grossen Bahnhöfen entstanden Obstmärkte. Die Bauern setzten also zunehmend auf Milchwirtschaft und Obstbau; von Mitte der 1850er- bis Mitte der 1870er-Jahre entstanden fast hundert neue Käsereien im Thurgau, 1855 hatte es erst sechs gegeben. Die Landschaft veränderte sich: sie wurde grüner und in den Zentren des Obstbaus wie dem Egnach zunehmend von grossen Obstbäumen geprägt – «Mostindien» entstand.

Gefördert wurde diese Entwicklung vom 1835 gegründeten Landwirtschaftlichen Verein, der bereits 1839 die Errichtung der ersten landwirtschaftlichen Schule in Kreuzlingen erreicht hatte. Eine neue Wirtschaftsgesinnung musste den Bauern vermittelt werden; die «Thurgauer Blätter für Landwirtschaft» drückten das 1869 sehr deutlich und zugespitzt aus: «Bei der Entwerfung unseres Wirtschaftsplanes müssen wir uns nicht mehr zuerst fragen, was wir in unserer eigenen Wirtschaft brauchen. Wir pflanzen das, wozu sich unser Boden am besten eignet, was wir am besten zu pflanzen verstehen, was uns den grössten Reinertrag abwirft, unbekümmert darum, ob wir das Gepflanzte selber verwenden können oder verkaufen müssen. Verspricht uns eine andere Frucht mit Sicherheit mehr Gewinn als Getreide – die Erschöpfung des Bodens immer mit in Anschlag gebracht – wir pflanzen, was uns den grössten Gewinn bringt und sollte auf alle unsere Felder kein Halm Getreide zu stehen kommen. Begnügen wir uns ja für unsern Teil auch nicht mit dem, was unsere eigene Wirtschaft erzeugt. Wir essen, was uns am besten und verhältnismässig billigsten nährt, nicht was wir pflanzen; und wir pflanzen, was uns den grössten Reingewinn bringt, nicht was wir in der eigenen Wirtschaft brauchen.»[3]

Die Kommerzialisierung der Agrarwirtschaft zog natürlich auch Kreditbedarf nach sich. Bauern und Handwerker forderten 1848 die Errichtung einer Hypothekenbank, um nicht weiterhin «Opfer christlicher und israelitischer Juden» zu sein, wie der Thurgauer Handels- und Gewerbeverein auswärtige «Geldmäkler» nannte.[4] In der demokratischen Bewegung Ende der 1860er-Jahre wurde daraus dann die Forderung nach einer Kantonalbank.

Parallel zu diesen wirtschaftlichen und sozialen Veränderungen und damit verknüpft entwickelte sich der Kanton politisch. 1803 erst von einem Untertanengebiet der Eidgenossen zu einem selbständigen Kanton geworden, hatte der Thurgau 1830 an der Spitze jener Kantone gestanden, welche sich eine liberale Verfassung gaben. Und so galt er in der Sonderbundskrise von 1847/48 und bei der Errichtung des Bundesstaats als fester Pfeiler der freisinnig-liberalen Schweiz, und er blieb es für die folgenden Jahrzehnte, ungeachtet der Tatsache, dass es im konfessionell gemischten Kanton immer eine katholisch-konservative Minderheit gab – Letzteres galt auch für Baumanns Heimatgemeinde Egnach, wo die katholische Minderheit zwar einen eigenen Friedhof besass, aber eine Stunde weit zu Fuss nach Arbon in den Gottesdienst gehen musste.

Die liberale Demokratie brachte im Thurgau wie andernorts eine neue, liberale Elite in bestimmende Positionen, welche bald den Unmut breiter Bevölkerungskreise auf sich zog. Wie in Zürich Alfred Escher als Wirtschaftsführer und einflussreicher Politiker zur Symbolfigur des liberalen «Systems» wurde, war es im Thurgau Eduard Häberlin, der als National- und dann Ständerat, Staatsanwalt, Direktor der Schweizerischen Nordostbahn sowie Erziehungsratspräsident – er wurde ob dieser Ämterkumulation «Regierung II» genannt, sein Haus in Weinfelden als «Palais royal» verspottet – in den späten 1860er-Jahren ins Schussfeld einer neuen Opposition geriet. Sie nannte sich, ebenfalls wie in Zürich, demokratische Bewegung und forderte mehr Volksrechte; 1869 setzte sie mit einem deutlichen Volksentscheid eine neue Verfassung durch, die mit dem obligatorischen Gesetzes- und Finanzreferendum und der Volkswahl der Regierungs- und Ständeräte die moderne halbdirekte Demokratie etablierte. Häberlin wurde abgewählt und zog nach Zürich, wo er Nordostbahn-Direktor blieb. An den politischen Verhältnissen änderte sich, wie wir sehen werden, allerdings weniger, als man meinen möchte – der schnelle Sieg und der Wechsel «namhafter Exponenten der Machtelite», darunter der Regierungspräsident und der Redaktor der «Thurgauer Zeitung»,[5] auf die Seite der Demokraten dürften dazu beigetragen haben. Schon bald war wieder von freisinnigem «System» die Rede und die freisinnige «Thurgauer Zeitung» wurde als Regierungsblatt angegriffen.

Am deutlichsten sichtbar wurde die Fortschrittlichkeit des Thurgaus über diese politischen Auseinandersetzungen hinweg im Bildungsbereich. Volksbildung galt der liberalen Bewegung des 19. Jahrhunderts von Anfang an als Fundament für den politischen und wirtschaftlichen Erfolg einer demokratischen Republik. Der Ausbau des Volksschulwesens war daher eines der zentralen Postulate der Freisinnigen, und wo sie an die Macht kamen, setzten sie ab Mitte des Jahrhunderts meist rasch die obligatorische und kostenfreie Volksschule durch.

Im Thurgau wurde diese Politik besonders konsequent durchgeführt. Bereits 1833 wurde zur Ausbildung neuer und zur Weiterbildung bisheriger Lehrer das Lehrerseminar Kreuzlingen gegründet. Der Direktor, von Hofwil, der aufklärerischen Musterschule im Kanton Bern, kommend, führte es im Geist Pestalozzis und machte es bald zur renommierten Adresse. Sekundarschulen wurden errichtet, im Egnach 1854. Schon ein Jahr vorher war in Frauenfeld die Kantonsschule eröffnet worden, allerdings erst nach heftigen Kämpfen: Unter der Parole «Wir wollen keine Herrenschule» war das entsprechende Gesetz 1852 noch wuchtig verworfen worden und in den darauffolgenden Wahlen war ein beträchtlicher Teil des Grossen Rats nicht wiedergewählt worden. Ein neues Gesetz, das mit Mitteln der aufgehobenen Klöster die Situation aller Schulen verbesserte, wurde aber schon ein Jahr später angenommen und ermöglichte die Eröffnung einer Mittelschule. Diese war noch lange nur für eine kleine Minderheit gedacht. Wenn der Thurgau in der zweiten Hälfte des 19. Jahrhunderts in Sachen Bildung als besonders fortschrittliches Modell für die Schweiz gepriesen wurde,[6] lag das an der allgemeinen Volksbildung. Sichtbar wurde das in Erhebungen: Als man 1864/65 erstmals die Schülerzahlen in Beziehung zur Bevölkerung setzte, stand der Thurgau an erster Stelle und blieb auch in den folgenden Jahren immer in den vorderen Rängen; das weist darauf hin, dass die allgemeine Schulpflicht auch tatsächlich durchgesetzt wurde. Und in den pädagogischen Rekrutenprüfungen, bei denen ab 1875 jährlich Lesen, Schreiben, Mathematik und Vaterlandskunde (Geschichte, Geografie, Staatskunde) getestet wurden und deren Ergebnisse ähnlich den PISA-Erhebungen des 21. Jahrhunderts kantonsweise veröffentlicht und verglichen wurden, erschien der ländliche Thurgau zusammen mit städtisch geprägten Kantonen immer in den vordersten Rängen.

Es war also zwar eine ländliche Gegend am Rand der Schweiz, in die Johann Ulrich Baumann geboren wurde, aber die Zeit und die Umstände waren für einen gescheiten Bauernsohn sicher günstiger als in vielen anderen bäuerlichen Regionen.

Jugend und Bildung

Jacob Baumann, 1807 geboren, war Bauer und Schulpfleger in Olmishausen,[7] einem bis heute kleinen Weiler von wenigen Häusern etwas westlich von Neukirch, dem Zentrum der Gemeinde Egnach. Die Familie war seit eh und je in der Gemeinde Egnach ansässig, mindestens sechs Generationen lassen sich sicher bis ins 17. Jahrhundert zurück in den Kirchenbüchern nachweisen. Er bewirtschaftete einen für die damalige Zeit mittleren Bauernbetrieb und wohnte in einem heute noch erhaltenen stattlichen alten Haus, das vermutlich aus dem 16. Jahrhundert stammt und zeitweise auch Schulhaus gewesen sein soll. Jedenfalls war Jacob Baumann als Schulpfleger mit der Dorfschule verbunden, ebenso dadurch, dass sein zwei Jahre jüngerer Bruder Johann Ulrich während fünfzig Jahren, von 1833 bis 1883, Lehrer in Olmishausen war.

Jacob Baumann heiratete 1845 Anna Ursula Kugler, von vier Kindern in den ersten fünf Jahren überlebten ein Mädchen und ein Junge, als fünftes wurde Johann Ulrich am 18. Mai 1851 geboren; ihm folgte 1852 noch ein Bruder, ein weiteres Jahr später starb die Mutter im Alter von 35 Jahren. Jacob heiratete zwei Jahre später die Schwester der Verstorbenen, vermutlich hatte sie nach dem Tod der Schwester die Betreuung des Haushaltes mit den vier Kindern übernommen und die Heirat verrechtlichte diesen Zustand. Zum Haushalt mit den vier Kindern gehörte gemäss Steuerliste noch Jacobs lediger Bruder Johannes.

Mit fünf oder sechs Jahren trat Ulrich – er wurde meist beim zweiten Vornamen genannt – in die Schule seines Onkels ein (die in den vorhandenen Quellen angegebenen Daten stimmen oft nicht überein). Es war eine kleine Dorfschule ohne Klassen, die weitaus älteste in der Gemeinde (seit 1587 bestehend!), damals noch nur von den evangelischen Kindern besucht, die katholischen wurden vom Pfarrer unterrichtet. 1865 dann verfügte das Schulinspektorat, als die katholische Lehrstelle des nahen Steinebrunn nicht besetzt werden konnte, dass die katholischen Kinder in die nächstgelegene Schule gehen mussten.

Onkel Johann Ulrich scheint ein guter Lehrer gewesen zu sein, wie die erhaltenen Inspektoratsberichte aus den 1870er-Jahren zeigen. «Eine ganz gute Schule» sei es, meinte der stellvertretende Inspektor Professor Michel 1871, die Leistungen in den meisten Fächern seien «ganz brav», der Lehrer «sehr streng und energisch». «Die Ruhe & Ordnung in der Schule wird strenge gehandhabt; es zeigt sich keine Abschreiberei und kein Einblasen.»[8] Gerügt wurden die Schrift der Kinder und die Zeichnungen, besonders «streng zu rügen» fand der Inspektor 1872 die Tatsache, dass hier offenbar Kinder teilweise früher eingeschult wurden, als gesetzlich gestattet – vermutlich war das auch bei Ulrich so gewesen.

Der ordentliche Inspektor Dr. Stoffel sah im folgenden Jahr fast nur Positives: «Mit ängstlicher Gewissenhaftigkeit, immer regem Eifer & bedeutendem Lehrgeschick arbeitet Herr Baumann schon eine lange Reihe von Jahren an dieser Schule.» Besonders fiel ihm auf, «dass auch die mittelmässig & schwach begabten Schüler die gehörige Aufmerksamkeit und Nachhülfe des Lehrers erhalten». Statt Strenge in der Disziplin sah er eher «väterlichen Ernst».

Das Leben eines Dorfschullehrers war nicht einfach. Gottfried Deebrunner, ein Thurgauer Lehrer, der etwa gleich alt war wie Johann Ulrich Baumann, hat es 1878 rückblickend beschrieben. Besonders die Ausbildung war in den Zeiten vor dem Lehrerseminar eher zufällig, privat organisiert gewesen: Ein Sekundarschüler wisse jetzt «hundertmal mehr» als er an seinem Lehrerexamen 1830. «Eine Landkarte hatte ich nie gesehen; dass es eine Geschichte der Schweiz gibt, davon wusste ich so wenig wie von einer Weltgeschichte.»[9] Nicht einmal Brüche konnte er rechnen, aber er bestand die leichte Prüfung bei einem Lehrer und einem Pfarrer. Entsprechend knapp war der Lohn, besonders im Sommer, wenn die Dorfschulen nur wenig Unterricht boten, weil die Kinder arbeiten mussten. So musste Deebrunner in den 1830er-Jahren neben dem Unterrichten noch im Webkeller des Bruders mitarbeiten. Nach der Jahrhundertmitte dürften sich die Verhältnisse gebessert haben, das weiterhin karge Salär dürfte für Onkel Johann Ulrich durch den Bauernhof des Bruders, durch Mitarbeit und Teilnahme an der Selbstversorgung gemildert worden sein. Gemäss Steuerlisten verfügte er in den 1870er-Jahren über ein kleines Vermögen. Aus einem Brief an den Schulvorsteher von 1881 spricht dennoch eine gewisse Verbitterung; Lehrer Baumann bat um die sofortige Erstellung eines Brunnens, nach 48-jähriger Tätigkeit sei das kein Luxus, und drohte angesichts der voraussehbaren Verzögerung: «Sollte mein Gesuch abgewiesen werden, so erkläre ich feierlich, dass eine Abweisung dem Schulkreis keinen Vortheil gewähren wird.» Dass er mit 75 Jahren noch mit Kündigung drohen musste, sagt viel über die materielle Lage des Lehrers. Der junge Ulrich jedenfalls dürfte bei seinem Onkel einiges gelernt haben und es liegt nahe zu vermuten, dass dieser eine Rolle gespielt hat bei seinem weiteren Bildungsgang, der für seine Verhältnisse aussergewöhnlich war, sei es, dass er ihn durch Einfluss auf seinen Vater oder durch Beziehungen förderte.

Abb. 1: Ulrich Baumanns Geburtshaus stand (und steht noch) in Olmishausen, westlich von Neukirch-Egnach. Obwohl der Weiler nur aus etwa zwanzig Häusern bestand – die meisten waren damals Bauernhäuser, Ende des 19. Jahrhunderts kam eine Käserei dazu –, gab es hier seit dem 16. Jahrhundert eine Schule. Dieses Haus selbst soll gemäss Überlieferung eine Zeitlang das Schulhaus gewesen sein. Das stattliche Haus, eine Bohlenständerkonstruktion mit späterer Erweiterung in Fachwerk, war also schon mehr als 200 Jahre alt, als Ulrich Baumanns Vater es Anfang des 19. Jahrhunderts erwarb. Eine ganz ländlich-bäuerliche Umgebung prägte Ulrichs erste Jahre.

Höhere Schulbildung

In einem undatierten Manuskript, dessen Kopie im Familienbesitz ist und das vermutlich als Lebenslauf für die Beerdigung vom Pfarrer oder einem Angehörigen verfasst wurde, heisst es: «Früh schon äusserte sich in dem talentvollen Knaben ein lebhafter Trieb nach höherer wissenschaftlicher Ausbildung und sein verständiger, einsichtiger Vater suchte diesem Verlangen seines Sohnes nach besten Kräften Befriedigung zu verschaffen. Er tat das umso lieber, da er sehen konnte, wie die Gesundheit des Knaben, die in dessen ersten Schuljahren zu allerlei Sorgen u. Ängsten Veranlassung gegeben, im Laufe der Jahre merklich erstarkte. So trat der lernbegierige, aufgeweckte Knabe nach einem siebenjährigen Primarschulbesuch in die hiesige Sekundarschule ein; er besuchte dieselbe mit bestem Erfolge 3 Jahre hindurch bis zu seiner auf das hl. Osterfest 1867 erfolgten Confirmation. Seinen Lehrern in Schule u. Kirche blieb der fleissige Schüler mit grosser Liebe zugetan. Ohne sich schon für ein spezielles Berufsstudium entschieden zu haben, bezog er im Frühjahr 1867 die thurg. Kantonsschule. Sein Vater hätte es nicht ungern gesehen, wenn er sich dem Kaufmannsstande gewidmet hätte; doch liess er seinem Sohne völlig freie Wahl.»[10]

Da Ulrich 1866 in die Kantonsschule Frauenfeld eintrat, kann diese Chronologie nicht stimmen: Entweder er trat schon mit fünf in die Primarschule ein oder er besuchte sie nur sechs Jahre oder die Sekundarschule nur zwei Jahre. Wie auch immer: Erstaunlich ist die Tatsache, dass ein Bauer seinen Sohn an die erst dreizehn Jahre vorher eröffnete «Herrenschule» in die Kantonshauptstadt schickte, die im Egnach in der Volksabstimmung von 1852 haushoch abgelehnt worden war.[11] Noch erstaunlicher ist, dass dieser Bildungsweg in den folgenden Jahren unbeirrt auf verschiedenen Wegen trotz Misserfolgen und trotz enormen Kosten weiterverfolgt wurde. Sicher dürfte Ulrich ein intelligenter, wissbegieriger Knabe gewesen sein, auch wenn das, wie wir sehen werden, auch bestritten wurde. Sicher spielte der Onkel Lehrer eine Rolle. Vielleicht auch ein Pfarrer Kopp, der bald auftauchen wird. Und möglicherweise auch die angesprochenen gesundheitlichen Probleme: Ulrich scheint ein kränklicher Knabe gewesen zu sein, das sollte ihm auf seinem Bildungsweg immer wieder in die Quere kommen. Der Vater sah wohl früh, dass dieser Sohn nicht als Bauer taugte, zumal er zwei andere Söhne hatte, denen er den Hof überlassen konnte.

Jedenfalls wechselte Ulrich von der Sekundarschule – über diese Zeit ist gar nichts erhalten – im April 1866 knapp sechzehnjährig an die Kantonsschule Frauenfeld, wo er in die dritte Klasse der Industrieschule (des nichtaltsprachlichen Gymnasiums, wo man seit 1861 eine Maturität erwerben konnte) aufgenommen wurde. Die Industrieschule bereitete auf das Polytechnikum und das Lehrfach vor – gewählt hatte er es wahrscheinlich weniger wegen dieser Perspektiven als wegen der fehlenden Lateinkenntnisse. In Deutsch und Geometrie reichten seine Leistungen allerdings nur für eine bedingte Aufnahme, nach drei Monaten wurde er aber im Juni definitiv in die vierzigköpfige Klasse eingereiht. Allerdings trat er vor Ende des Schuljahrs im nächsten Frühling bereits wieder aus der Schule aus, anlässlich der Promotion im Frühling 1867 war er nicht mehr in der Klasse, ein Zeugnis gibt es nicht. Entscheidend für den Misserfolg waren wohl die gesundheitlichen Probleme.

An der Kantonsschule, die zu der Zeit über 200 Schüler und fünfzehn Lehrer umfasste, dürfte er im Konvikt gelebt haben, einem damals noch im Schulhaus untergebrachten Internat mit einem Schlafsaal für dreissig Schüler. Im Kadettenkorps, das wöchentlich in eigenen Unifor-

Abb. 2: Neukirch-Egnach, um 1900. Neukirch-Egnach, das Zentrum der grossen Gemeinde Egnach, war im 18. Jahrhundert um die Kirche herum entlang der sich hier kreuzenden Strassen entstanden. Hier bestand seit den 1850er-Jahren eine Sekundarschule, die Ulrich Baumann besuchte. Das Dorf war schon von den Gebäuden her gewerblich geprägt und atmete, obwohl nicht gross, als Zentrum einer grossen Gemeinde mehr kleinbürgerlichen als bäuerlichen Charakter.

men Exerzier- und Schiessübungen auszuführen hatte, kam er erstmals mit militärischen Formen in Berührung. Ebenso lernte er hier sicher den sechs Jahre älteren Johannes Fritschi kennen, der später sein Hausarzt wurde und bei der ersten Einweisung Baumanns in die Irrenanstalt St. Pirminsberg 1889 einen «Fragebogen für den zur Aufnahme in die Anstalt reglementarisch geforderten ärztlichen Bericht» ausführlich beantwortete und dort eine Vorgeschichte zu Protokoll gab, die bis in die Jugend reicht – Kenntnisse, die er wohl durch die frühe Bekanntschaft erwarb.[12]

Dr. Fritschi, durch seine Ausführungen in der Krankenakte einer der wichtigsten direkten Zeugen in Sachen Ulrich Baumann, war, wie man sehen wird, nicht besonders gut auf seinen Patienten zu sprechen – dies scheint politische und möglicherweise persönliche Gründe zu haben. Johannes Fritschi, später Bezirksarzt in Arbon, hatte 1866, als Ulrich an die Kantonsschule kam, bereits sechs Jahre an der Kantonsschule verbracht, im folgenden Jahr machte er, bald 22 Jahre alt, die Matura. Er hatte dafür also ungewöhnlich lang gebraucht. War Neid im Spiel, wenn er den Jüngeren mehr als zwanzig Jahre später als nur «mässig begabt» bezeichnete? Er kannte ihn auch aus dem Militär, war er doch ab 1873 Leutnant und dann ab 1879 Oberleutnant im Infanteriebataillon 73, in dem auch Baumann ab 1874 Offizier auf derselben Stufe war und ihn dann später hierarchisch überholte. Vielleicht liegen seine teilweise etwas abschätzigen Urteile auch in seinem Charakter begründet; jedenfalls wurde Fritschi, nachdem er 1896 durch Hirnschlag mitten aus seiner Tätigkeit gerissen wurde, die seltene «Ehre» zuteil, dass ein eingesandter lobender Nachruf im Lokalblatt durch die Redaktion relativiert wurde. Während im Nachruf das grosse Trauergeleit für den «hochverehrten Arzt und Menschenfreund» hervorgehoben wurde und alles andere mit der Floskel «Unter einer rauhen Schale verbarg sich ein köstlicher Kern» übermalt wurde, merkte die Redaktion in Klammern an: «Vorstehender Nachruf ging uns in letzter Stunde zu und wir geben demselben in der Meinung unverkürzt Raum, dass man von den Toten nur Gutes reden soll. Es soll nicht Vergangenes die Lebenden von den Toten scheiden und ihr Andenken schmälern. Was gutes war am Menschen, das ist ewig und sichert ihm das Andenken seiner Mitbürger zu, das übrige sei vergessen ...»[13] Ein aussergewöhnliches Postskriptum für einen Nachruf. Für die Glaubhaftigkeit gewisser Urteile des «Zeugen» Fritschi ist das wohl nicht ganz unwichtig.

Interessant sind die Differenzen der Aussagen Fritschis zu denen des Notars Baumann, der Ulrich Baumann 1898 bei der zweiten Einlieferung in die Irrenanstalt Münsterlingen begleitete und Ulrichs Vorgeschichte und Werdegang ebenfalls schilderte. Es handelt sich dabei um den drei Jahre jüngeren Vetter Ulrichs, Jakob Baumann, damals Notar von Neukirch-Egnach, Sohn des Primarlehrers, der also im gleichen Weiler Olmishausen aufgewachsen war und die Familiengeschichte von sehr nahe kannte.

Fritschi bemerkte zur Schulzeit: «Als Kind war er schwächlich, musste den Schulbesuch häufig aussetzen, litt viel an Mandel- und Rachenentzündung, war nur mässig begabt, besuchte die thurg. Kantonsschule, wenn er 1–2 Stunden am Schultisch gesessen hatte, so wurde es ihm schwindelig, er musste hinaus an die Luft.» Notar Baumann hingegen schildert Ulrich als «von Jugend auf etwas eigentümlich, begabt, sehr ernst, peinlich streng rechtlich, ausserordentl. exact, heftig bei Widerspruch. Seine Stiefmutter (Schwester der Mutter) habe ihm immer vor- und nachgeben müssen.»[14]

Was die Krankheit der Jugend betrifft, gibt es im «Journal» der Heil- und Pflegeanstalt St. Pirminsberg in einem einleitenden Abschnitt noch Hinweise, deren Quelle unklar ist: In der Jugend (acht bis zehn Jahre)

DONNERSTAG
11
JULI
WELTBEVÖLKERUNGSTAG

* 1866 Richard Beer-Hofmann, Rodaun bei Wien
† 1934 Erich Mühsam, KZ Oranienburg (ermordet)
† 1937 George Gershwin, Beverly Hills
† 1956 Werner Riegel, Hamburg
† 1989 Laurence Olivier, Brighton

seien Krämpfe und Zuckungen aufgetreten, «über deren Natur nichts sicheres zu eruieren ist (Epilepsis?)». Und weiter: «Wegen dieser Krankheit konnte er die Schule nur unregelmässig besuchen.» Wie verlässlich diese Angaben sind, ist schwer zu sagen. Die folgenden, sehr fehlerhaften Angaben dieser Quelle über Ulrichs weiteren Bildungsweg lassen daran zweifeln: «Besuchte einige Jahre Gymnasium Frauenfeld, ging dann ins Waadtland, von da nach Basel, wo er Maturität machte, dann nach Heidelberg, Berlin, München – Zürich, wo er Jura studierte.»

Glaubwürdig erscheint dagegen der Bericht Dr. Fritschis über religiöse Zweifel. «Als er bei der Konfirmation das Glaubensgelübde bejahen sollte, brachte dies ihm schwere Kämpfe, 2 Tage & 2 schlaflose Nächte kämpfte er durch, damals sagte er schon, dass er an keinen Gott glaube.» Die religiösen Fragen sollten später in der Krankheit wieder eine grosse Bedeutung bekommen.

Ulrich brach also die Kantonsschule ab und ging wohl wieder nach Hause. Im Lebenslauf klingt das so: «Schon nach einem Semester verliess der Merkantilschüler die thurgauische Kantonsschule, um sich durch Privatunterricht des Herrn Pfr. Kopp in Diepoldsau auf die Gymnasialmaturität vorzubereiten. Es bedurfte nicht bloss einer grossen Begabung, sondern auch eines angestrengten Fleisses, um das grosse Pensum innert 2 Jahren vollständig zu bewältigen. Mit Ehren bestand der strebsame Jüngling im Frühjahr 1870 an der zürcherischen Kantonsschule die Maturitätsprüfung.» Etliches ist hier falsch: Ulrich war nicht an der Handels-, sondern an der Industrieschule, die weitere Bildungsgeschichte ist komplizierter und mündet nach allem, was wir wissen, nicht in die Maturitätsprüfung, schon gar nicht 1870.

Wenn wir sehr genaue Angaben über seinen weiteren Weg machen können, dann dank eines Zufallsfunds im Kirchgemeindearchiv Egnach, wo aus unerfindlichen Gründen ein Notizheftlein erhalten ist – «Verzeichnis der Ausgaben für Ulrich, namentlich an Kostgeld und Schulgeld» –, in das Vater Jacob Baumann sorgfältig alle Ausgaben für die Bildung seines Sohnes eintrug; vielleicht wollte er damit im Hinblick auf das Erbe dokumentieren, wie viel diese ausmachten. Jedenfalls ist hier verzeichnet, dass der Vater 1866 zweimal einen Quartalsbeitrag nach Frauenfeld bezahlte, von Juli 1867 bis April 1868 bezahlte er besagten Pfarrer Kopp in Diepoldsau im St. Galler Rheintal, Ulrich hat hier wohl etwa ein Jahr verbracht.

Wie kam er zu einem Pfarrer nach Diepoldsau, das doch etwa dreissig Kilometer entfernt von Olmishausen liegt? Johannes Kopp, 1831 in Romanshorn geboren, war Ende der Fünfziger-, Anfang der Sechzigerjahre als junger Pfarrvikar und dann Pfarrer in Amriswil gewesen, nicht sehr weit von Olmishausen. Gut möglich, dass er den Lehrer Baumann in Olmishau-

Abb. 3: Basler Altstadt, vor 1865. Was für ein Kontrast muss es für den Siebzehnjährigen gewesen sein, als er 1868 aus dem bäuerlichen Thurgau und nach einem Jahr im ebenso ländlichen St. Galler Rheintal nach Basel kam. Die grösste Stadt der Deutschschweiz hatte kurz vorher erst ihre Mauern und Befestigungsanlagen geschleift und dehnte sich auch baulich rasch in die Umgebung aus. Besonders das wohlhabende Bürgertum verliess die dichte Altstadt und baute sich Villen in den neuen Quartieren. Für den mitten in der Stadt wohnenden Ulrich müssen die Grösse der Stadt, aber auch die Dichte und die unmittelbar sichtbaren sozialen Gegensätze einen grossen Kontrast gebildet haben zur beschaulichen Thurgauer Welt, in der er aufgewachsen war.

sen kannte, vielleicht noch Kontakt hatte, als er von 1864 bis 1868 Pfarrer in Diepoldsau war. Dass er als Privatlehrer geeignet war, scheint naheliegend, interessierte er sich doch offensichtlich mehr für Pädagogik als für die Religion. Noch im Jahr 1868 verliess er seine Pfarrei und übernahm die Leitung eines privaten Instituts im nahe gelegenen Walzenhausen. Zehn Jahre später versuchte er, selbst im Schloss Herdern nahe bei Frauenfeld ein Internat mit Lehr- und Erziehungsanstalt (Gymnasium, Handels- und Realschule) zu eröffnen.[15] Als dies wegen eines Rechtsstreits scheiterte, wanderte er nach Amerika aus; er starb bereits 1880 in New York.

Vielleicht war das Verlassen der Pfarrstelle der Grund dafür, dass er 1868 seinen Schützling Ulrich nach Basel schickte, um seine Schullaufbahn fortzusetzen. Naheliegend, dass er von seinem Studium in Basel, das erst gut zehn Jahre zurücklag, noch Kontakte nach Basel besass. Jedenfalls tauchte

Abb. 4: Stadthausgasse Basel, Ende 19. Jahrhundert. Ulrich Baumann lebte in der Stadthausgasse mitten in der engen, übervölkerten Basler Altstadt, in der sich vor allem die zahlreichen einkommensschwachen Zuwanderer drängten, die damals aus den ländlichen Gebieten der Schweiz und dem benachbarten Ausland in die rasch wachsende Stadt strömten. Er lernte so schon früh die sozialen Probleme der aufkommenden Industriegesellschaft aus eigener Anschauung kennen. Die späteren Aufenthalte in Zürich und München lieferten ihm in dieser Hinsicht weiteres Anschauungsmaterial, sodass er nicht unvorbereitet war, als Arbon sich später allmählich zur Industriestadt zu entwickeln begann.

der Thurgauer Bauernsohn Ulrich im April 1868 im altehrwürdigen Gymnasium auf dem Münsterplatz in Basel auf, wo er auf Probe in eine erste Klasse der Oberstufe, damals Pädagogium genannt, aufgenommen wurde. Er lebte als «Kostkind (Grund Schulbesuch)» bei Carl Rudolf Birmann, einem jungen Messerschmied, in der Stadthausgasse, also im Zentrum der Stadt, unweit der Schule;[16] gut möglich, dass Kopp Birmann kannte.

Es muss ein grosser Sprung gewesen sein für den Siebzehnjährigen aus der ländlichen Ostschweiz in die damals grösste Stadt der deutschen Schweiz, die sich mitten in der Industrialisierung befand und auch politisch im Umbruch war. Immer noch regiert von einem «gouvernement gothique», wie eine Genfer freisinnige Zeitung sich ausdrückte,[17] bildeten die Freisinnigen hier noch die radikale Opposition; freisinnige Führer waren Ehrenmitglieder der sozialistischen Ersten Internationale, und ein «ungebildeter und ungelenker Arbeiter», der mit missionarischem Eifer «die gute Botschaft des neuen Evangeliums von der Befreiung des Arbeiters» (so er selbst) verkündete, wurde auf der radikal-demokratischen Liste 1868 in den Grossen Rat gewählt. Und just als Ulrich Baumann in der Stadt weilte, kam es im Winter 1868/69 zum ersten Streik in Basel, der von den Arbeitgebern erstickt und von der Regierung mit einer Art Belagerungszustand über die Stadt beantwortet wurde. Ob er davon etwas mitbekam? Gut möglich, wo er doch mitten in der Stadt, einen Steinwurf vom Rathaus entfernt, wohnte. Sicherlich nicht erlebt hat er den Kongress der sozialistischen Ersten Internationale im Herbst des Jahres – da war er längst nicht mehr in der Stadt.

Noch grösser als der Sprung vom ländlichen Thurgau in die «Grossstadt» Basel war sicher der soziale Sprung vom Bauernhof ans elitäre Gymnasium des Basler «Daigs» mit jahrhundertealter Vergangenheit. 24 Schüler sassen in der Klasse, darunter zahlreiche Namen aus der Basler Oberschicht, unter anderen der später berühmte Sprachwissenschaftler Jakob Wackernagel. Der Unterricht dürfte sich von dem an der Frauenfelder Industrieschule stark unterschieden haben, besonders die sechs Wochenlektionen Griechisch und die acht Lateinstunden, auf die ihn Pfarrer Kopp notdürftig vorbereitet hatte, machten ihm anscheinend zu schaffen. Mit je drei Stunden Deutsch und Französisch ergab das ein sehr sprachlastiges Programm, dazu kamen noch die vier Stunden antike Geschichte (wäre er im folgenden Jahr an der Schule geblieben, hätte Ulrich den berühmten Jacob Burckhardt als Geschichtslehrer bekommen).
Der Geschichtslehrer war zufrieden mit der Klasse: «Fleiss und Betragen der Schüler waren fast ohne Ausnahme lobenswerth, sodass trotz der grossen Zahl das Pensum wie gewöhnlich konnte zu Ende geführt werden.» Der Lateinlehrer hingegen hielt fest, «dass mich diese Klasse nicht

Abb. 5: Der Bach Birsig in der Basler Altstadt, Ende 19. Jahrhundert. In unmittelbarer Nähe seines Wohnorts floss der heute gedeckte Birsig durch die Basler Altstadt und diente zugleich als Abwasserkanal. Kein Wunder, dass in den übervölkerten Quartieren 1865 eine Typhusepidemie ausgebrochen war (zehn Jahre vorher war es die Cholera gewesen). Auch darüber dürfte Ulrich Baumann, der drei Jahre später nach Basel kam, manches erfahren haben. Nicht auszuschliessen, dass auch sein späteres Engagement für die Wasserversorgung davon beeinflusst war.

befriedigt hat». Das galt besonders auch für Ulrich. Das Zeugnis nach einem Semester attestierte ihm zwar allgemein guten Fleiss, in Latein wurde er aber «wegen mangelnder Vorbereitung noch nicht genügend» beurteilt, in Griechisch lautete das Urteil über seine Kenntnisse gar: «sehr gering». In Deutsch dagegen war er ebenso wie in Geschichte und Mathematik «ziemlich gut», das Betragen wurde als «recht gut» gewertet, was die höchste erreichbare Qualifikation gewesen zu sein scheint, hatte doch der beste Schüler der Klasse in allen Fächern diese Note. Die Schüler wurden aufgrund ihrer Leistungen rangiert, Ulrich landete auf dem zweitletzten, dem 23. Platz; er wurde nicht befördert, konnte aber als «Auscultant» (Hörer) bleiben; das galt auch für den letzten, den 24., bei dem aber hinzugefügt war: «hat aber keine Aussicht auf Promotion» – Ulrich galt dagegen offenbar nicht als ganz hoffnungsloser Fall. Doch das Zeugnis hält einen

Schwachpunkt fest. Bei Turnen heisst es: «fehlt oft wegen Kopfweh». Die Gesundheit war der Hauptgrund, weswegen er im März 1869, noch vor Ende des Schuljahres, aus der Schule austrat – «wg. Krankheit» heisst es in den Schulakten, ein Abgangszeugnis wird erwähnt, ist aber nicht erhalten –, «Bestimmung: Heimat» notierte die Schule. Am 10. April meldete er sich auch bei den Behörden ab.

Studium

Spätestens an diesem Punkt würde man erwarten, dass das Bildungsexperiment mit dem Bauernsohn als Akademiker abgebrochen würde. Für den Vater, der gemäss Steuererklärung über kein grösseres Vermögen verfügte, waren bereits die 750–900 Franken, die ihn der Sohn in den vergangenen zwei Jahren gekostet hatten, viel – das entsprach fast einem geringen Arbeiterjahreslohn, und auch ein durchschnittlicher Bauer wie er versteuerte nicht viel mehr Gesamteinkommen pro Jahr. Hatte er verheimlichte Reserven? Unterstützte jemand die Bildung des aufgeweckten Jungen? Wir wissen es nicht. Was wir dank des Vaters Aufzeichnungen wissen, ist, dass dieser ihm für die Monate Mai bis September 550 Franken nach Echallens schickte – ein Aufenthalt, der also kostspieliger war als jene in Diepoldsau und in Basel. Was er im Waadtländer Dorf aber machte, ist ganz ungeklärt. Kein Bildungsinstitut ist dort registriert. Vielleicht nochmals Privatunterricht, nochmals ein Pfarrer? Aber warum war der Aufenthalt dann deutlich teurer als der bei Pfarrer Kopp? Mit Bildung muss es zu tun gehabt haben, denn wie anders wäre es möglich, dass der Achtzehnjährige, dessen höchste Schulbildung die erste Klasse des Obergymnasiums war, sich im Herbst an der Universität Zürich als Jurastudent einschreiben konnte?

Denn tatsächlich wurde er am 22. Oktober 1869 an der Universität Zürich immatrikuliert und nahm das Jurastudium auf. Eine Maturitätsprüfung an einem Zürcher Gymnasium, wie es der Lebenslauf für 1870 behauptet, ist nirgends verzeichnet, in keinem der Jahre um 1870. Es gibt Hinweise darauf, dass die Aufnahme an die Universität ohne Maturität damals noch möglich war, zumal für ausserkantonale Studenten. Erstaunlich ist es aber doch, dass er unbefördert aus dem ersten Obergymnasium in Basel an der Universität aufgenommen wird – als «vorherige Lehranstalt» ist in der Universitätsmatrikel der Universität Zürich schlicht «Basel» eingetragen.[18] Jedenfalls war Ulrich für die nächsten dreieinhalb Semester immatrikuliert, wohnte zunächst bei einer Frau Keller, dann bei einem Privatdozenten, Doktor Honegger, beide in Oberstrass. 1870 scheint der Vater ihn in Zürich besucht zu haben, denn zum Betrag vom Juli dieses Jahres vermerkte er in seinem Heftlein: «in Zürich selbst gegeben».

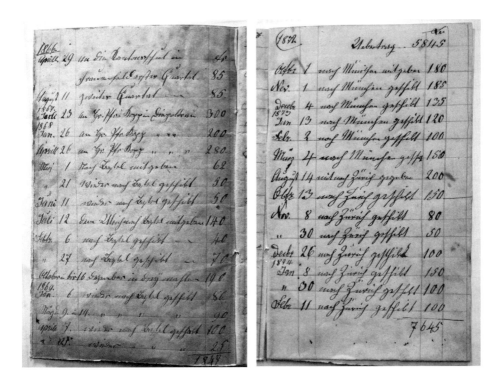

Abb. 6: Ausgabenbüchlein des Vaters, erste und letzte Seite. So unklar ist, aus welchen Mitteln der Bauer Jakob Baumann die teure Ausbildung seines Sohnes bezahlte, so sorgfältig führte er Buch darüber, wahrscheinlich im Hinblick auf eine gerechte Verteilung des Erbes. Durch grossen Zufall ist das kleine Heftlein erhalten geblieben und im Archiv der evangelischen Kirchgemeinde Egnach gelandet.

Fast gleichzeitig begann der Neunzehnjährige in einem erhaltenen Notizbuch «Lesefrüchte» zu sammeln. Darin wollte er, wie er auf der ersten Seite notierte, eben Lesefrüchte sammeln «od. was sonst pikantes, originelles & treffendes ich erfahre & höre das ich meinem Gehirne nicht anvertrauen mag & lieber schwarz auf weiss in diesem Büchlein aufbewahren will; denn das menschliche Gehirn ist sehr weich & alle Eindrücke verwischen sich auch demselben sehr leicht, so ein Büchlein aber hält ein Jahrtausend & die Buchstaben sind noch nach Jahrhunderten zu lesen.» Da hatte einer offenbar im Sinn, einmal wichtig zu werden, wenn schon seine Notizen für ewige Zeiten halten sollten (die zügige Handschrift macht sie allerdings heute nicht leicht lesbar ...). Die Ausführung war weit weniger grossartig. Ulrich schrieb ab, was ihn beeindruckte:

Texte von Heinrich Heine über Deutschland und Madame de Staëls «De l'Allemagne», auch einen Leitartikel der «Thurgauer Zeitung» zum Jahresantritt 1871; die Abschriften wurden ergänzt durch Zeitungsausschnitte, vor allem patriotische Gedichte, dann auch Fakten über die Zusammensetzung des Bundesrats, Zahlen zur Maschinenstickerei oder die Einwohnerzahlen europäischer Städte. Bald einmal wurde das Büchlein offenbar kaum mehr benutzt, später klebte Ulrich noch Zeitungsartikel aus dem Wahlkampf von 1875 für das Bezirksgericht hinein.

Am 23. Mai 1871, also mitten im Sommersemester, verzeichnet die Universitätsmatrikel den Austritt: «abgegang. mit Sittenzeugniss», also mit einem Zeugnis über korrektes Verhalten. Bereits einen Monat vorher aber war Ulrich offenbar zu Hause gewesen, um anzukündigen, dass er an die Universität Heidelberg ziehe; am 24. April hatte der Vater ihm Geld «nach Heidelberg mitgegeben». Einmal mehr tappen wir bezüglich der Motive und Umstände im Dunkeln.

Noch undurchsichtiger wird die Sache dadurch, dass es in Heidelberg von ihm keine Spuren gibt – keine Immatrikulation, keine Mitgliedschaft in einer Studentenverbindung (irgendwoher muss doch der erhaltene Bierhumpen stammen), nichts. In allen Kurzbiografien und im Lebenslauf wird aber Heidelberg als Studienort genannt und der Vater schickt auch noch zweimal bis Juli 1871 Geld nach Heidelberg. Aufgehalten hat er sich dort also höchstwahrscheinlich, aber was hat er gemacht? Als Hörer Vorlesungen gehört? Wahrscheinlich. Sich irgendwo herumgetrieben? Es würde nicht zu ihm passen. Denn die wenigen Bemerkungen über seine Studienzeit, die überliefert sind, schildern ihn als eifrigen, seriösen Studenten, der viel diskutierte, aber wenig Alkohol trank, was bei Studenten im 19. Jahrhundert schon fast auffällig war. «Er war sehr fleissig, nüchtern, ertrug auch den Alkohol nicht, wurde durch wenig Alkohol pathologisch aufgeregt», heisst es im Journal der Heilanstalt St. Pirminsberg. «Alkoholhaltige Getränke hat B. nie viel getrunken, auch nicht geraucht», gab auch Dr. Fritschi zu Protokoll. Dennoch soll es gemäss Familienüberlieferung noch einen zweiten Bierhumpen gegeben haben mit der Aufschrift «Unserem lieben Fuxen Gradaus» – ein Verbindungsname, der zu manchen geschilderten Charaktereigenschaften passen würde. Im Lebenslauf wird Ulrichs Studentenleben zeittypisch idealisiert: «Mit rühmlichem Eifer lag er seinem Studium ob, erst an der zürcherischen Hochschule u. später an den Universitäten Heidelberg und München. Er war eine ideal angelegte Natur, begeistert für alles Wahre u. Schöne. Er hatte weniger das Bedürfnis nach geselliger Unterhaltung im fröhlichen Freundeskreise, aber umso grössere Befriedigung gewährten ihm die Stunden, in denen es ihm vergönnt war, im engeren Freundeskreise mit gleichgesinnten Studiengenossen seine

Abb. 7: Ulrich Baumann als Student, um 1870. Er ist ausgestattet für das Leben an der Universität und in der Stadt – auch hier sieht man, dass der Vater sich nicht lumpen lässt. Schon dass er fotografiert wird, markiert einen Anspruch.

Gedanken über manch ernste Lebensfragen auszutauschen, die seinen Geist lebhaft beschäftigten.» In Dr. Fritschis Darstellung heisst es dazu: «Er bezog die Universität Basel, studirte jus & beschäftigte sich schon damals viel mit der sog. Sozialen Frage.» Die falsche Universitätszuordnung lässt die Kenntnisse Fritschis über diese Lebensphase als gering erscheinen. Sein Interesse für soziale Fragen während des Studiums wird jedoch auch im Journal der Krankenakte von unbekannter Quelle – womöglich von einem Studienkollegen, der ihn nach St. Pirminsberg begleitete – bestätigt: «Mit Vorliebe lag er sozialistischen & religiösen Problemen ob, hielt Discussionen darüber und hiess wegen seiner sozialistischen Ansichten allgemein Bebel.» Und zu diskutieren gab es 1871 viel. Im Januar war der preussische König im Spiegelsaal von Versailles zum deutschen Kaiser proklamiert worden, die deutsche Einigung war damit Tatsache; im Mai war mit der Pariser Kommune die erste sozialistische Revolution niedergeschlagen und der Deutsch-Französische Krieg beendet worden. Ob diese Ereignisse etwas damit zu tun haben, dass es Ulrich nach Heidelberg zog, er aber dort nicht regulär studierte oder nicht verzeichnet ist? Denkbar ist es, belegbar nicht. Vielleicht war er einfach zu spät dran, um noch regulär immatrikuliert werden zu können.

Im Spätsommer 1871 kam Ulrich offenbar von Heidelberg wieder nach Hause, und im Oktober gab ihm der Vater 200 Franken mit nach München, wo er die folgenden drei Semester studierte. Hier stimmen nun die Zahlungen des Vaters überein mit den Immatrikulationsdaten, und auch seine Wohnorte sind verzeichnet: Adalbertstrasse 16 und Untere Gartenstrasse 14a, beide ziemlich zentral. Sonst gibt es auch hier keine Spuren. Hatte er in Basel eine rasch wachsende Industriestadt im Umbruch erlebt, in Heidelberg eine verschlafene kleine Universitätsstadt, so nun in München die Hauptstadt des Königreichs Bayern, damals regiert vom exzentrischen König Ludwig II., der allerdings in der Stadt kaum anwesend war. Die Stadt hatte 1871 170 000 Einwohner und wuchs in den folgenden «Gründerjahren» rasch.

Nach drei Semestern in München kehrte Ulrich im Sommer 1873 nach Zürich zurück – von August bis Februar 1874 schickte der Vater sein Geld nach Zürich, Belege für Ulrichs Aufenthalt gibt es diesmal aber nicht. Weder ist er immatrikuliert, noch ist ein Examen verzeichnet, auch wenn es im Lebenslauf heisst: «Nach Vollendung seiner vierjährigen Studienzeit bestand er im Frühjahr 1874 das zürcherische Staatsexamen u. aufgrund desselben erwarb er sich das Patent als Fürsprech im Canton Thurgau.» Und auch bei der Einwohnerkontrolle taucht er nicht auf. Es scheint, dass er sich in diesem Semester – wie auch immer – in Zürich auf das Examen vorbereitete, das er dann im Thurgau ablegte. Denn das Thurgauer Anwaltsgesetz schrieb zwar vor, dass die Anwälte «in schwarzer Kleidung und Hut vor Gericht zu erscheinen» hatten, es verlangte aber keinen juristischen Universitätsabschluss. Das Anwaltspatent wurde vom Regierungsrat erteilt, das Obergericht gab ein Fähigkeitszeugnis ab nach mündlicher und schriftlicher Prüfung durch eine obergerichtliche Prüfungskommission und nahm beim Amtsantritt dem Patentierten einen Pflichteid ab.[19] Am 27. Februar 1874 teilte der Regierungsrat dem Obergericht mit, dass er Ulrich Baumann «auf Grundlage des demselben von Ihnen erteilten Fähigkeitszeugnisses» das Anwaltspatent ausgestellt habe. Am 3. März wurde seine Zulassung als Anwalt – «nach bestandener Prüfung, darauf gefolgter Patentierung und Vereidigung» – im Kantonsblatt publiziert.

Damit war der aussergewöhnliche und etwas kurvenreiche Bildungsweg abgeschlossen, Ulrich kehrte als junger Anwalt ins Egnach zurück. Nach allem, was wir wissen, hatte er dieses Ziel ohne Maturität und ohne eigentlichen Universitätsabschluss erreicht; das war aber damals offenbar nicht aussergewöhnlich, jedenfalls stellten auch seine Gegner bei den folgenden politischen Auseinandersetzungen nie seine Bildung oder Ausbildung in Frage. Der Vater zählte in seinem Heftchen zusammen: 7645 Franken hatte er für die Bildung seines Sohnes ausgegeben, das entsprach etwa fünf Jahreslöhnen eines gut bezahlten Arbeiters, mehr als vier Jahreslöhnen eines Primarlehrers und mehr als zwei Jahreslöhnen eines Kantonsschullehrers. Man konnte damit auch ein Haus kaufen. Entweder hatte der Vater ein irgendwoher stammendes Vermögen, das er in diesem Fall nicht versteuert hätte und das er für die Bildung beziehungsweise die Ausstattung seiner Söhne verwandte. Oder er wirtschaftete viel besser als die – vermutlich pauschale – Besteuerung seines Einkommens annehmen lässt; diese bewegte sich auf dem Niveau der meisten Bauern. Nach der Ausbildung Ulrichs nahm das versteuerte Barvermögen von Jakob Baumann jedenfalls jährlich zu. Und mitten in der Ausbildungszeit von Ulrich hatte er noch Geld, um Äcker dazuzukaufen. Und kaum war dessen Ausbildung abgeschlossen, kaufte er einer benachbarten Witwe für 6000 Franken das Haus ab, um es abzubrechen und eine neue Scheune zu bauen (dass er gleichzeitig mit ihr etwas Land abtauschte, weist darauf hin, dass seine Mittel nicht unbegrenzt waren). Bald darauf übergab er über siebzigjährig den Hof, der nun deutlich mehr wert war als zehn Jahre vorher, seinem zweiten überlebenden Sohn. Woher auch immer das Geld kam, er hatte seinen beiden Söhnen gute Startbedingungen verschafft (der erstgeborene Sohn war 1872 24-jährig dem Typhus zum Opfer gefallen, die Tochter blieb ledig und lebte wohl wie üblich im Haushalt des Bruders, der den Hof übernahm). Nicht undenkbar ist auch, dass eine aussenstehende Person die Ausbildung des begabten Jungen unterstützt hat – so gab es zu dieser Zeit im Nachbardorf Steinebrunn eine Witwe Baumann, die das beträchtliche Vermögen von 100 000 Franken versteuerte; allerdings war sie nicht mit Ulrich verwandt und es gibt keinerlei Hinweis auf eine solche Beziehung.

Der Vater hatte Ulrich also einen sozialen Aufstieg ermöglicht, der ihn wohl gleichzeitig etwas von seinem Herkunftsmilieu entfremdete. Dennoch scheint er keinen Moment gezögert zu haben, in seine Heimatgemeinde zurückzukehren. Gleich nach dem Abschluss des Studiums machte er den Aspirantenkurs für Offiziere und wurde Leutnant, schon am 3. Mai 1874 wurde er als Gemeindeschreiber in den Gemeinderat gewählt – er scheint seine Karriere von Anfang an ganz in seiner Heimat gesehen zu haben. Fühlte er sich dazu verpflichtet? Oder sah er hier die beste Möglichkeit zum raschen Aufstieg? Jedenfalls war er von Anfang an in der ländlichen Gemeinde etwas Besonderes. Dr. Fritschi gab zu Protokoll: «Die Eltern waren Bauersleute, einfach, brav, standesgemäss konnte er in seinem Geburtsort mit Niemandem verkehren.» Ob Ulrich Baumann das auch so formuliert hätte, muss wie so vieles andere offenbleiben. Isoliert in der Provinz fühlte sich Ulrich wohl nicht; seine Ämter brachten ihn bald häufig nach Arbon und Frauenfeld, und später in Bern besuchte er Studienfreunde, zu denen er auch früher Kontakt hatte. Er habe den Freundeskreis aus Studienzeiten gepflegt, heisst es im Lebenslauf.

Der Bildungsweg Ulrich Baumanns war ungewöhnlich, aber nicht einzigartig. Zwei fast gleichaltrige politische Gesinnungsgenossen, die St. Galler Politiker Joseph Scherrer-Füllemann (Regierungs- und langjähriger Nationalrat) und Heinrich Scherrer (Präsident des Grütlivereins, Regierungs-, National- und dann Ständerat), die beiden Begründer der Demokratischen und Arbeiterpartei in ihrem Kanton, waren ebenfalls Bauernsöhne. Ersterer wuchs als Sohn eines Kleinbauern und Wirts im Hinterthurgau auf; sein Bildungsweg führte ihn klassisch katholisch über Klosterschule und Jesuitenkollegium an die Universität. Letzterer hatte als Toggenburger Bauernbub eine harte Kindheit, war doch der Vater früh gestorben, so musste die Mutter das kleine Gut bewirtschaften und dazu als Baumwollweberin arbeiten und die Kinder mussten dabei helfen; sein Pate, ein Arzt, bezahlte ihm sein Studium.[20] Auffällig ist, dass die beiden Akademiker aus kleinbäuerlichem Haus denselben Beruf (Anwalt) wählten und mit sehr ähnlicher Stossrichtung politisierten wie Ulrich Baumann, dass sie aber beide die Stadt (St. Gallen) zum Zentrum ihrer beruflichen und politischen Tätigkeit machten. Scherrer-Füllemann hatte sich zwar als Anwalt und Bauer in Sulgen versucht, er «stiess indessen bei den damals führenden Politikern auf Ablehnung, was ihn 1886 zum Umzug nach St. Gallen bewog»;[21] Heinrich Scherrer ging direkt nach dem Studium in die Stadt. Ulrich Baumann hingegen kehrte zurück ins Egnach.

Abb. 8: Ulrich Baumann, um 1874. Der junge Mann kehrt als Advokat zurück in sein Heimatdorf und inszeniert sich selbstbewusst mit Uhrenkette und Künstlermähne, den Blick scharf in die Zukunft gerichtet. Während Bauern in Sonntagskleidern auf Fotos dieser Zeit meist steif und wie verkleidet wirken, scheint Ulrich Baumann sich schon ganz ins bürgerliche Milieu eingelebt zu haben, das er locker repräsentiert.

Abb. 9: Josef Anton Scherrer-Füllemann (1847–1924) als junger Mann. Scherrer, vier Jahre älter als Ulrich Baumann, teilte mit diesem nicht nur die Herkunft aus bescheidenen bäuerlichen Verhältnissen im Thurgau, sondern auch das juristische Studium und den späteren politischen Weg. Wie Baumann eröffnete er zunächst im Thurgauer Dorf Sulgen eine Anwaltspraxis und entfaltete eine rege politische Tätigkeit, stiess aber bei den damals führenden Politikern auf Ablehnung. Er zog Mitte der 1880er-Jahre nach St. Gallen, wo er als Mitbegründer der Demokratischen und Arbeiterpartei rasch Karriere machte. Von 1890 bis 1922 war er Nationalrat, zeitweise auch Regierungsrat. Im Ersten Weltkrieg wurde er zu einem Exponenten der Friedensbewegung. Vergleicht man das Foto des jungen Advokaten mit dem von Baumann, so gibt es auch hier Gemeinsamkeiten im Habitus, wobei Scherrer mit Büchern, akkurater Kleidung und Kurzhaarfrisur sich etwas seriöser inszeniert als Baumann, der sich ein wenig bohemehaft gibt.

Aufstieg dank Umbruch

Wie sich Ulrich Baumann in jugendlichem Alter rasch in der ländlichen Gesellschaft des Oberthurgaus etablierte und politische Karriere machte, ist charakteristisch für die zweite Hälfte des 19. Jahrhunderts und eine Gesellschaft, die weniger statisch und geschlossen war, als man sie sich gemeinhin später vorstellte. Seine politische Karriere, die ihn für kurze Zeit in den Ständerat führte, ist aber vor allem auch Ausdruck von sich neu gruppierenden Kräften am Ende des 19. Jahrhunderts.

Eine politische Karriere

23 Jahre alt war Ulrich Baumann, als er im Frühjahr 1874 als frischgebackener Anwalt und Offiziersaspirant nach Hause zurückkehrte, und mit grosser Energie und Zielstrebigkeit etablierte er sich innert einem Jahr politisch und gesellschaftlich – von der Kränklichkeit der Jugend ist nichts zu spüren.

Er mietete sich auf dem Gristenbühl, oberhalb des Dorfs Neukirch im Zentrum der Gemeinde, ein. Der Wahl in den Gemeinderat im Mai 1874 folgte am 14. Februar 1875 gleich die Wahl in den Grossen Rat. Wahlen wurden damals in Kreisversammlungen abgehalten – die grosse Gemeinde Egnach bildete allein einen solchen Kreis und stellte drei Grossräte. Bei Wahlen und Abstimmungen versammelten sich jeweils am Sonntagmittag um dreizehn Uhr je nach Wahlbeteiligung 400 bis 700 Männer in der reformierten Barockkirche in Neukirch, welche dem um sie herum entstehenden Dorf in der ersten Hälfte des 19. Jahrhunderts den Namen gegeben hatte. Die Ersatzwahl für einen verstorbenen Amtsinhaber im Februar 1875 entschied Ulrich Baumann bereits im ersten Wahlgang mit 307 von 448 Stimmen für sich. Grossratswahlen scheinen in der Versammlung diskutiert und entschieden worden zu sein, schriftliche Auseinandersetzungen dazu sind nicht überliefert. Schliesslich wählte ja der Kreis direkt seine Abgeordneten.

Gleichzeitig kandidierte Baumann auch für das Bezirksgericht Arbon, das neu bestellt werden musste. In dieser Wahl, bei welcher der ganze Bezirk wählte, brauchte es drei Wahlgänge. Im Gegensatz zum Grossratsmandat war sie äusserst umstritten und wurde in den Lokalzeitungen mit Inseraten und Artikeln befeuert, es wurde gar von «Fieber» geschrieben. Baumann, der beim ersten Wahlgang einige Hundert Stimmen hinter dem erfahrenen Anwalt Dr. Hug aus Amriswil lag, legte bei jedem Wahlgang stark zu und schaffte am 7. März auch diese Wahl. Das Bezirksgericht übertrug ihm gleich das Präsidium, das er in den folgenden fünfzehn Jahren behalten sollte, alle drei Jahre wurde er wiedergewählt, immer mit dem besten Resultat.

Was machte die Wahl so umstritten? Der 24 Jahre junge, «neugebackene, unerfahrene Advokatenaspirant», so ein Gegner, stand einem Kandidaten gegenüber, dessen Erfahrung von seinen Unterstützern hervorgehoben wurde, während man den Anhängern Baumanns vorwarf, engstirnig einen Auswärtigen zu bekämpfen und «Oertligeist» und Egnacher «Kirchturmpolitik» zu betreiben; in diesem Zusammenhang wurde ein Satz von Thomas Bornhauser, dem Thurgauer Führer der liberalen Regeneration von 1830, zitiert: «Die Egnacher Bauern verstehen unter Ausland alles, was nicht zu ihrer Gemeinde gehört.»[22] Der Vorwurf mutet insofern seltsam an, als die Wahl ja im ganzen Bezirk stattfand und Baumann im ersten Wahlgang in seiner Gemeinde nur gut die Hälfte der Stimmen erreicht hatte, im zweiten und im dritten legte er allerdings überall stark zu – offenbar wurde er erst allmählich in den andern Gemeinden bekannt –, im Egnach am Schluss auf neunzig Prozent der Stimmen. Hier scheint im Lauf des Wahlkampfs tatsächlich ein Solidarisierungseffekt stattgefunden zu haben, vielleicht durch die oben erwähnten Angriffe. «Es ist wahr, unsere fast ausschliesslich bäuerliche Bevölkerung ist, ihren natürlichen Verhältnissen entsprechend, von vorwiegend konservativem Charakter, gegen Neuerungen etwas vorsichtig, Freund des Wahlspruches: ‹Langsam, aber sicher›; dafür aber auch überhaupt zähe und solid in ihrer Gesinnung, zuverlässig und doch unabhängig, redlich und ehrenfest.» Mit diesen Worten trat «im Namen der Egnacher» nach der Wahl ein Einsender dem Vorwurf der Beschränktheit entgegen. Ein Gegenartikel bezeichnete Ulrich Baumann selbst als Verfasser dieser Verteidigung und warf ihm vor, es sei «gewissenlos», so unerfahren sich für ein Gericht aufstellen zu lassen und einen fähigen, erfahrenen Mann zu bekämpfen. Heftige Worte noch nach geschlagener Schlacht – sie liessen die Zeitungsdiskussion nach der Wahl nochmals aufflammen, was damals ganz unüblich war. Der Verfasser dieses Gegenartikels wurde von einem «gewissenhaften Wähler» – einem Lehrer aus einem Dorf bei Arbon, wie Baumann später erfuhr – als Freund und Kollege von Dr. Hug bezeichnet und beschuldigt, durch seine Kampagne erst dessen Niederlage provoziert zu haben. Schliesslich bedankte sich auch noch der nicht gewählte Hug selbst in einer sarkastischen Stellungnahme beim Wahlvolk dafür, dass es sich zu seinem Nutzen von Gerüchten habe leiten lassen – er sehe selbst ein, «dass ich mich an der Volkssouveränität stark

Abb. 10: Flugaufnahme von Neukirch-Egnach, Anfang 20. Jahrhundert. Die Flugaufnahme ist zwar etwa zwanzig Jahre nach Baumanns Tod gemacht worden, zeigt aber sehr schön einerseits die Struktur des Dorfes als Strassendorf. Baumanns Haus befand sich etwa in der Mitte der Bahnhofstrasse, die sich oben rechts Richtung Bodensee abwärtszieht. Andererseits wird der dichte Obstbau sichtbar, der fast waldartig weite Flächen überzieht. Er hatte sich im letzten Drittel des 19. Jahrhunderts ausgedehnt auf Kosten des fast verschwindenden Getreidebaus, der nicht mehr rentierte. War in früheren Zeiten Dörrobst eine verbreitete Winternahrung gewesen, traten nun Tafelobst und Obstsaft in den Vordergrund. Als 1888 eine gewaltige Obsternte die Thurgauer Bauern vor Verwertungsprobleme stellte, zeigte sich, dass die alten Geräte zum Dörren längst zweckentfremdet worden waren; neue Verfahren waren gefragt. Die Gemeinde Egnach lag im Herzen der bald als «Mostindien» bezeichneten Gegend: im Todesjahr Baumanns wurde hier eine bald bedeutende Obstverwertungsgenossenschaft gegründet und eine grosse Mosterei gebaut – sein Sohn war an der Gründung beteiligt.

versündigt habe, indem ich mich als Gegenkandidat gegen den Kanzler des Landrathes von Egnach portiren liess».

Eine Provinzposse um einen angesehenen Posten? Nicht nur. Denn es steckte auch eine inhaltliche Kontroverse hinter der Auseinandersetzung. Im letzten Artikel des Hug-Unterstützers wurde darauf hingewiesen, «dass die Arbeiterpartei des Wahlbezirks von Amriswil aus in gewissenloser Weise gegen die Kandidatur Hug aufgehetzt worden sei»; als Beweis führte er die nie dagewesenen starken Veränderungen der Stimmenzahlen von Wahlgang zu Wahlgang an, in seinen Augen nur erklärbar damit, «wie die Wirthschaftslokalitäten des Bezirks von diesen ‹Arbeitern› für ihre Wahlagitation in Beschlag genommen wurden». Das nicht zum Bezirk gehörige Amriswil spielte bei der Auseinandersetzung insofern eine Rolle, als Hug tatsächlich auch von dort her bekämpft wurde – «verleumdet» sagten seine Anhänger, etwa einige bekannte Amriswiler Textilfabrikanten, die in Inseraten seine Fortschrittlichkeit und seinen ehrenhaften Charakter priesen. Offenbar hatte Hug irgendwo die Ansicht geäussert, «dass mancher Familienvater besser thäte mehr bei der Arbeit und weniger im Wirthshause zu sein», worauf «gewisse Subjekte unter den Arbeitern ausgestreut haben, es sei ihnen zu nahegetreten worden», wie sich ein Einsender ausdrückte. Es dürfte diese Haltung gegenüber der Arbeiterschaft gewesen sein, welche den Grütliverein Arbon, der etwa hundert stimmfähige Mitglieder vertrat, veranlasste, für Baumann einzutreten, der «nicht als Aristokrat, sondern vielmehr als strebsamer Mann des Volkes bekannt ist».[23] Der Mann des Volkes gegen einen Aristokraten – dieses Motiv wird in den folgenden Jahren immer wieder auftauchen, ebenso der Grütliverein, der wohl auch mit der erwähnten «Arbeiterpartei» gemeint ist. Der Schweizerische Grütliverein, auf den weiter unten genauer eingegangen wird, versammelte zunächst Handwerksgesellen und allmählich immer mehr Arbeiter und war in den 1870er-Jahren die bedeutendste Organisation der frühen Arbeiterbewegung; er vertrat linksdemokratische und teils auch sozialdemokratische Positionen.

Schon einen Monat nach der Wahlschlacht um das Bezirksgericht wurde Baumann in Gesamterneuerungswahlen des Grossen Rats bestätigt, zusammen mit einem Professor Michel (wahrscheinlich ein Sekundarlehrer) und einem Notar Kreis. Die Abordnung des Egnach entsprach damit durchaus dem im Thurgau üblichen Bild: Im Grossen Rat dominierten Gemeindeammänner, Friedensrichter, Notare, Offiziere, Gerichtspräsidenten, Bezirksstatthalter und Staatsanwälte, kurz: in erster Linie die Honoratioren aus den Gemeinden und Bezirksstrukturen; Bauern waren vermutlich nur grössere vertreten, die sich aber lieber als Offiziere bezeichneten, Handwerker und Arbeiter gab es keine – 1896 schickte Arbon erstmals einen Mechaniker ins Kantonsparlament. Auch in den Grossen Rat wurde Baumann fortan alle drei Jahre wiedergewählt – auffallend ist, dass er hier im Unterschied zum Bezirksgericht jeweils nicht das beste Resultat machte; bei den Grossratswahlen scheinen politische Haltungen eine grössere Rolle gespielt zu haben als beim Gericht. Im Juni desselben Jahres 1875 heiratete Ulrich Baumann seine «Universitätsgeliebte», wie Dr. Fritschi sich ausdrückte, ein Jahr darauf kaufte er ein Haus in Neukirch.

Mit 25 Jahren war er also Gemeinderat, Grossrat, Bezirksgerichtspräsident und verheirateter Hausbesitzer. Eine Blitzkarriere? Materiell sah es bescheidener aus. Baumann habe geheiratet, «ohne eine gesicherte Existenz zu haben», bemerkte Dr. Fritschi. In der Tat dürften Gemeinde- und Grossrat wenig eingebracht haben, und das Bezirksrichteramt war eine Teilzeitstelle (jede Woche ein, zwei Gerichtstage), als Anwalt scheint er nicht mehr tätig gewesen zu sein, durfte es wohl als Richter auch nicht. «Um leben zu können betrieb seine Frau einen Ellenwarenhandel, derselbe prosperirte nicht, dann eine Wirthschaft.» Möglich, dass der Hauskauf darin motiviert war, eine Wirtschaft eröffnen zu können. Denn der Kauf war mit einer starken Verschuldung verbunden; es gibt keine Hinweise darauf, dass der Vater nochmals Geld dafür gegeben hat. Ein Wirtshaus mit seinem Namen – die spätere «Grünau» hiess zu seiner Zeit «Restaurant Baumann» – war natürlich auch eine politische Investition, waren Wirtshäuser doch seit dem Aufschwung der Liberalen Anfang des 19. Jahrhunderts Zentren und Brennpunkte politischen Engagements. Hier traf man sich vor und nach politischen Versammlungen, hier wurde diskutiert, hier wurden Ideen propagiert und Wahlkämpfe geführt.

Ulrich Baumann kaufte also ein Wohnhaus mit einer Doppelscheune, die abgebrochen werden sollte, und angrenzendes Wies- und Ackerland von insgesamt eineinhalb Jucharten, im Kataster ist es als «Kraut- und Baumgarten, Pflanz- und Wiesland» verzeichnet. So konnte man, da es ein stattliches Haus war, ein Restaurant eröffnen und auf dem Land Selbstversorgung betreiben. Der Kaufpreis von 19 000 Franken war zu fünf Prozent zu verzinsen und 1878–1887 in zehn Raten abzuzahlen, mit andern Worten: das Haus wurde auf Pump gekauft. Die Verkäufer, wohl Liegenschaftshändler – der eine aus dem Thurgauer Dorf Erlen, der andere aus Konstanz –, hatten die Liegenschaft zusammen mit anderen Häusern und Grundstücken einer wohlhabenden Witwe im Dorf abgekauft und verkauften die Teile nun einzeln.[24] Einträge im Kataster ohne Datum lassen vermuten, dass im Kaufpreis etwas mehr Land enthalten war, das dann aber verkauft wurde.

Es ist nicht einfach, die materiellen Verhältnisse von Ulrich Baumann einzuschätzen. Die sehr unpräzisen Steuerregister zeichnen ein widersprüchliches Bild. Der Wert der Liegenschaft war tiefer als die Hypothekarschulden eingeschätzt (das war eher selten der Fall), das blieb auch so bis zu seiner Erkrankung, und das Barvermögen blieb ebenfalls klein.[25] Die jährlichen Zahlungsraten für die Liegenschaft belasteten bis 1885 sicher das Budget, und ein Erbe war auch nicht in Sicht, wurde der Vater doch 95

Jahre alt; als er 1902 starb, sass sein Sohn bereits seit Jahren in Münsterlingen. Bei der Einkommensteuer hingegen gehörte Ulrich Baumann in den 1880er-Jahren zu den besten Steuerzahlern der Gemeinde. Nur Fabrikanten, ein «Spekulant und Gastwirt» und der Pfarrer bezahlten 1888 in dieser Kategorie mehr; der Arzt und der Tierarzt waren tiefer eingestuft. Es kam also offenbar nicht wenig Geld herein, aber es wurde auch ausgegeben – Ulrich Baumanns Grosszügigkeit ist vielfach überliefert. Als er 1889 erkrankte, war das Vermögen binnen einem Jahr aufgebraucht, seine Frau hatte damals und erst recht später grosse Mühe, die Familie über die Runden zu bringen.

Auch zu Beginn jedoch war wohl der Beitrag der jungen Frau, welche im neuen Haus die Wirtschaft Baumann eröffnete und führte, entscheidend. «Die Frau ist eine in jeder Beziehung brave, tüchtige, über alles Lob erhabene Person», so beschrieb Dr. Fritschi gut ein Jahrzehnt später Baumanns Gattin, die er eben noch als «Universitätsgeliebte» in ein dubioses Licht gerückt hatte. Im 19. Jahrhundert war es tatsächlich nicht unüblich, dass ein Student sich ein armes Unterschichtsmädchen als Geliebte nahm, die ihm womöglich zudem die Wäsche machte, um sie am Ende des Studiums in der Universitätsstadt zurückzulassen und sich eine Gattin aus den eigenen Kreisen zu suchen. Haben wir es bei Ulrich Baumann und seiner Frau mit einem solchen Verhältnis zu tun, das einfach anders endet? Schwer zu sagen. Dass die 21-jährige Wilhelmine Maier aus dem süddeutschen Riedheim (Baden), die Ulrich 1875 heiratete, ein armes, uneheliches, katholisches Mädchen war, dürfte im Egnach einiges Aufsehen erregt haben. Es war sicher nicht das, was man damals eine gute Partie nannte; mausarm, unehelich, deutsch und katholisch auf einmal – musste das sein? Ulrich Baumann scheint sich um solche Konventionen nicht geschert zu haben. Kennengelernt hatte er sie sicher als Student in Zürich, aber ob schon beim ersten Aufenthalt 1869–1871, als er achtzehn bis zwanzig und sie fünfzehn bis siebzehn war, oder erst beim zweiten 1873, ist nicht auszumachen. Denn Mina, so nannte sie sich, war diese ganze Zeit in Zürich als Dienstmädchen tätig.

Das unehelich geborene Mädchen, über dessen weitere Vorgeschichte nichts bekannt ist, kam mit gut fünfzehn Jahren im Sommer 1869 nach Zürich. Sie wurde dort Dienstbotin im Haushalt einer Witwe Schäppi, die ihre Familie als Modistin durchbrachte, Mina wird sich wohl um den Haushalt und die vier Kinder von vier bis neun Jahren gekümmert haben.[26] Sie blieb ein knappes Jahr. Dann wechselte sie die Stelle und ging in den Haushalt des Ingenieurs Müller, dessen Frau eine Mercerie betrieb. Auch hier wird sie das kleine Kind und die beiden in den nächsten Jahren folgenden betreut und den Haushalt geführt haben. Es scheint keine ein-

Abb. 11: Bahnhofstrasse Neukirch, rechts Restaurant Baumann, um 1900. In Neukirch erwarb der 24-jährige Ulrich Baumann ein altes Haus (das Alter ist erkennbar daran, dass es schräg zur Strasse steht, die im 18. Jahrhundert angelegt worden war) und eröffnete darin ein Wirtshaus, das seine Frau führte – ein notwendiger Erwerb neben den kärglichen Einnahmen aus Bezirksrichteramt und politischen Ämtern. Gleichzeitig erfüllte das Restaurant eine weitere Aufgabe. Hatten Wirte als Inhaber von Treffpunkten schon seit langem, gerade auch in den liberalen Bewegungen des 19. Jahrhunderts, häufig eine politische Rolle gespielt, wurde hier das Modell sozusagen umgekehrt: Der junge Politiker schuf einen Versammlungsort, der auch seiner Karriere dienen konnte.

fache Stelle gewesen zu sein, hatten doch in den vergangenen zwei Jahren sechs Dienstbotinnen, alle um die zwanzig, sich die Klinke in die Hand gegeben. War die Frau des Hauses ein Drachen, oder war der Mann das Problem? Jedenfalls, als die Familie ab 1872 eine Zeitlang eine zweite Dienstbotin einstellte, war auch hier der Wechselrhythmus gross – am kürzesten blieb Jakobine Mayer aus Riedheim (eine Schwester von Mina?), nämlich einen Monat. Mina hingegen blieb fünf Jahre, bis sie am 22. Juni 1875 Ulrich Baumann heiratete. Sie scheint duldsam gewesen zu sein und gelernt zu haben, einiges einzustecken. Das sollte ihr in ihrer Ehe und im weiteren Leben zugutekommen. Es gibt von ihr nur ganz wenige Fotos im Alter; sie zeigen eine sehr liebenswürdige Frau und lassen erahnen, dass sie in ihrer Jugend wohl der hübschen zweiten Tochter Emma geglichen hatte.

Die Ehe scheint glücklich gewesen zu sein. «Es war ein schönes, inniges, von Jahr zu Jahr immer fester werdendes Band der Liebe, das die beiden Ehegatten in guten u. in schweren Tagen miteinander verband. Mit hoher Achtung u. inniger Liebe eins dem andern zugetan, beide nach besten Kräften bestrebt, ihr Familienleben freundlich u. lieblich zu gestalten. Der Heimgegangene war sich dessen bewusst, wie viel er seiner trauten häuslichen Gemeinschaft zu verdanken hatte, in deren friedlichem Schoss er des Tages Unruhe und Kampf wieder vergessen konnte.» Auch wenn sich der Lebenslauf etwas gar poetisch ausdrückt, gibt es keinen Anlass, am Sachverhalt zu zweifeln; die späteren Briefe zur Zeit der Internierung in den Heilanstalten zeugen von grosser wechselseitiger Sorge umeinander und um die Familie. Diese wuchs in den 1880er-Jahren an. 1879 wurde das erste lebensfähige Mädchen geboren, nach zwei totgeborenen Frühgeburten 1876 und 1878. Nach einem weiteren Kind, das nur zwei Tage überlebte, kamen 1882–1889 in regelmässigen Abständen zwei weitere Töchter und zwei Söhne dazu; von acht Kindern überlebten also fünf.

Der Vater der jungen Familie beschäftigte sich, wenn wir Dr. Fritschi glauben, mit anderem: «Es begannen die Tage des Streberthums, er fing an in Zeitungen zu schreiben, als Candidat aufzutreten.» Sehr ausgeprägt war dieses Strebertum aber nicht. 1878 trat der junge Politiker erstmals als Kandidat für nationale Wahlen auf, aber es ist nicht anzunehmen, dass er sich grosse Chancen ausrechnete. In den folgenden Jahren kandidierte er nicht mehr bei nationalen Wahlen, sondern konzentrierte seine weitere Laufbahn auf Gemeinde, Bezirk und Kanton, wo er die verschiedensten Ämter in Vereinen und Institutionen annahm, sowie das Militär. 1881 wurde er vom Grossen Rat als Suppleant des Obergerichts gewählt; im Militär avancierte er 1879 zum Oberleutnant, 1881 zum Hauptmann, 1888 schliesslich zum Major und damit Bataillonskommandanten. Es scheint, dass am Militär ihm sowohl Form wie Inhalt wichtig waren. «Strenge gegen sich selbst, forderte er auch von seinen Untergebenen strenge Ordnung und pünktliche, gewissenhafte Erfüllung der Pflichten, aber durch die Pflege des echten militärischen Ehrgefühls erwarb er sich die Achtung seiner Mannschaft. Mit seiner ausgesprochenen Vorliebe für das Militärwesen leistete er auch der Schützengesellschaft Egnach jahrelang seine treuen Dienste», heisst es dazu im Lebenslauf. Ob das Militär ihm auch dazu diente, seinen Ehrgeiz oder autoritäre Allüren zu befriedigen? Ganz am Schluss seiner Krankenakte ist eine Bemerkung des Statthalters festgehalten, der wohl in die Klinik kam, um den Tod festzustellen: «Baumann habe», erzählte er dem Arzt, «als er Major geworden, ein Pferd gekauft, sei in den Wald geritten, habe den Bäumen kommandirt!»[27] Ein Ausdruck psychischer Kompensation oder charakterlicher Absonderlichkeit? Oder nur ein Gerücht, das zeigen sollte, dass er schon 1888 ein wenig verrückt gewesen war?

Sicher ist, dass es ihm beim Militär auch um Politik ging. «Was seinen Eifer für das Schützenwesen bezweckte, das war der hohe vaterländische Zweck [...], den er nie aus den Augen verlor: Die Hebung u. Förderung der vaterländischen Wehrkraft.» Die Begeisterung für das Militär war in dieser Zeit bei Vertretern der Linken nicht selten, sahen sie darin doch ein wichtiges Mittel der demokratischen Republik, um sich gegen die umliegenden Monarchien, insbesondere das neue, mächtige Deutsche Reich, behaupten zu können. Im Deutsch-Französischen Krieg von 1871 hatte der Grütliverein, dem Baumann später nahestand, Sympathie für die französische Republik gehabt und eine rasche Aufrüstung der Schweizer Armee mit neuen Gewehren gefordert.[28] Die Armee war Garantin der Schweizer Demokratie, noch fern lagen die Zeiten, in denen sie durch Einsätze gegen streikende Arbeiter bei der Linken in Verruf kam. Auch andere führende linksdemokratische Politiker waren damals Offiziere, so etwa der bereits erwähnte St. Galler Heinrich Scherrer, der als Präsident des Grütlivereins und Mitglied der Demokratischen und Arbeiterpartei ebenfalls Major war – als er 1905 der Sozialdemokratischen Partei beitrat und 1911 deren erster Ständerat wurde, kam er prompt immer wieder in Konflikt mit der in der Partei sich verstärkenden antimilitaristischen Haltung.

Anwalt, Gemeindeschreiber, Gerichtspräsident, Grossrat, Offizier und Wirt – die Kombination der vielseitigen Tätigkeiten, die Baumann sich in kurzer Zeit organisiert hatte, waren für die damalige Zeit nicht so ungewöhnlich, wie sie uns heute erscheinen mögen. Und sie hatten alle einen inneren Zusammenhang: sie befestigten wechselseitig seine Stellung in der oberthurgauischen Gesellschaft.

Politisches «Strebertum»

Zurück zur Ständeratskandidatur von 1878. Wahlen wurden damals in Kreisversammlungen abgehalten, wie wir schon gesehen haben. Diskussionen in diesen Versammlungen dürften ein wichtiger Teil des Wahlkampfs gewesen sein. Vorher scheinen, wie man bei den Bezirksgerichtswahlen gesehen hat, die Wirtshäuser eine wichtige Rolle gespielt zu haben. In den Zeitungen erschienen meist erst kurz vor dem Wahltag und am Wahltag selbst Stellungnahmen von politischen Bürgerversammlungen und einzelnen Organisationen sowie Wahlaufrufe in Form von Inseraten und allenfalls Kommentare der Redaktion. So ist wenig erhalten über die Kandidatur Baumanns von 1878.

Offenbar gab es im Vorfeld eine verbreitete Unzufriedenheit mit dem einen der beiden Ständeräte, Nagel, der von einem Korrespondenten der «Thurgauer Zeitung» als «allzu starrer Aristokrat» bezeichnet wurde; in der «Schweizerischen Bodensee-Zeitung», dem Romanshorner Blatt der demokratischen Bewegung der 1860er-Jahre, wurde er hingegen ironisch als Opportunist und damit also perfekter Volksvertreter dargestellt.[29] Nagel verteidigte sich in einer Zuschrift gegen ungerechtfertigte Angriffe und «abgestandene Phrasen», die er nur «mit dem Schweigen der Verachtung» quittieren könne. Die «Thurgauer Zeitung» stellte zwar fest, dass er in fast allen Versammlungen kritisiert werde, hielt ihm aber die Stange und fand den Gegenkandidaten Altwegg, obwohl auch liberal, zu konservativ.[30] Sehr spät tauchte Ulrich Baumanns Name auf. Die Grütlivereine des Kantons hätten sich zu einem Kantonalverband unter dem provisorischen Vorort Arbon zusammengeschlossen, meldete die «Thurgauer Zeitung» am 25. Oktober, und sie schlügen Baumann als Ständerat vor. Weniger entschieden tönte es in der gleichentags erscheinenden Zeitschrift der Grütlianer: «Dem Vollblutaristokraten Nagel wurde von allen Seiten das gebührende Misstrauensvotum erteilt; schwieriger war es und man besprach reiflich, ob es zweckmässig sei, den bisher nur von der Volkszeitung [aus Amriswil] vorgeschlagenen» Baumann zu portieren. In der Versammlung des Volkswirtschaftlichen Vereins Arbon, in dem Baumann Mitglied war, war noch kurz vorher an einer Versammlung Nagel zwar kritisiert, aber doch unterstützt worden.[31] Baumanns Kandidatur wurde in diesem Bericht nicht erwähnt; sie war also wohl recht kurzfristig und nicht geplant (Strebertum!) zustande gekommen.

Umso erstaunter war die «Thurgauer Zeitung» über das Resultat: Baumann machte gegen 3000 Stimmen, der zweite Gegenkandidat Altwegg 5500 (in den Bezirken Arbon und Bischofszell lag Baumann aber vor Altwegg), Nagel wurde mit 9000 wiedergewählt. Das führende Blatt im Kanton sah sich zu einer Bewertung und Empfehlung veranlasst: «Eine bemerkenswerthe Erscheinung ist die grosse Stimmenzahl, die auf Herrn Gerichtspräsident Baumann gefallen ist, bemerkenswerth, weil Herr Baumann bisher in keiner Weise besonders hervorgetreten und daher dem weitaus grössten Theile der Wähler noch ganz unbekannt ist. Näher mit ihm bekannte Personen bezeugen seinen achtenswerthen Charakter, und dass er so recht mitten aus dem Volke hervorgegangen und eine gewisse Theilnahme an der Arbeiterfrage an den Tag legt, hat ihm die Empfehlung des Grütlivereins eingetragen. Immerhin wird man wohl ziemlich allgemein damit einverstanden sein, dass die beste Empfehlung für die eidgenössischen Räthe in verdienstlichen Leistungen für den Kanton besteht. Herrn Baumann steht die Bahn dorthin offen; er braucht sie nur zu beschreiten.»[32] Ob er diesen Rat beherzigt hat oder ob andere Gründe verantwortlich waren, dass er in den folgenden neun Jahren nicht mehr für eidgenössische Ämter kandidierte, wissen wir nicht. Aber dass es die einzige und letzte positive Erwähnung von Ulrich Baumann im Blatt des herrschenden Freisinns war, lässt sich leicht feststellen.

In den ersten Wahlkämpfen in den 1870er-Jahren, in denen der junge Ulrich Baumann auftrat, ist von Opposition gegen «Aristokraten» die Rede, auch von Arbeitern, manchmal Arbeiterpartei, und der Grütliverein taucht auf. Was hat es damit auf sich? Nicht Aristokrat, sondern – auch als Jurist – Mann des Volks war Baumann in den Augen des Grütlivereins. Offenbar ging es bei dieser Qualifizierung weniger um die soziale Stellung als um einen Habitus oder eine politische Haltung, wie die Verwendung des Begriffs in dieser Zeit nahelegt. Ungeachtet der demokratischen Umgestaltung des Kantons am Ende der 1860er-Jahre wurden auch danach freisinnige Mandatsträger häufig als «Aristokraten» bezeichnet und damit eindeutig negativ qualifiziert, wie man das vorher mit den Exponenten des «liberalen Systems» – Escher in Zürich, Häberlin im Thurgau – getan hatte. Das Wort hatte den Liberalen ursprünglich dazu gedient, um sich von den Vertretern des Ancien Régime abzugrenzen – so gab es im Thurgau lange ein Misstrauen gegen das «aristokratische» Frauenfeld –; nun wurde es freisinnigen Exponenten entgegengehalten, die sich durch ihre soziale Stellung oder Haltung vom «gewöhnlichen Volk» abhoben oder deren wirtschaftsliberale Positionen den Interessen von Bauern oder Arbeitern widersprachen.

In der demokratischen Bewegung, welche Ende der 1860er-Jahre eine neue, stärker direktdemokratische Verfassung durchgesetzt hatte, hatte es zwar auch sozialpolitische Akzente gegeben; so stand im sogenannten Frauenfelder Programm von 1868 neben der Forderung nach einer Kantonalbank für günstige Hypotheken auch: «Die Verhältnisse zwischen Arbeitern und Arbeitgebern werden, soweit sie durch staatliche Kompetenzen erreichbar sind, in eine den Grundsätzen der Humanität und der Gerechtigkeit entsprechenden Weise durch die Gesetzgebung geregelt (Fabrikgesetz und Gemeindeordnung).»[33] Die politische Umwälzung war aber weniger umfassend, als es die neue Verfassung und der grosse Wahlsieg 1869 suggerierten. Schon nach wenigen Jahren war wieder von einem «freisinnigen System» die Rede und eben auch von «aristokratischen» Politikern. Neu sich abzeichnende politische Konflikte um soziale Fragen wurden in der alten Sprache der politischen Kämpfe aus der ersten Hälfte des Jahrhunderts ausgetragen. Das wird deutlicher, wenn man den da und dort neu auftauchenden Begriff Arbeiterpartei anschaut, wobei das Wort «Partei» weniger im organisatorischen Sinn gemeint war als im da-

Abb. 12: Rathaus von Arbon, um die Jahrhundertwende. Der Bezirkshauptort, in dem Ulrich Baumann als Bezirksgerichtspräsident amtierte, hatte teilweise noch den Charakter des beschaulichen Landstädtchens, das es lange gewesen war. Das galt sicher für das Rathaus, in welchem damals das Bezirksgericht untergebracht war, und dessen nächste Umgebung.

mals üblichen der losen politischen Allianz für einen bestimmten Zweck, manchmal war mit Arbeiterpartei auch der Grütliverein gemeint.

Ulrich Baumann hatte sich schon während des Studiums in den deutschen und schweizerischen Städten mit der neu aufkommenden sozialen Frage befasst. Auch der Thurgau befand sich in einer Phase der Industrialisierung, die Landwirtschaft, wie schon dargestellt, im Umbruch – diese beiden Entwicklungen sollten ihm in den 1880er-Jahren, die allgemein eine Stagnationsphase waren, zugutekommen; er erlebte keine grosse Krise. Aber natürlich waren nicht alle Neuerungen von Erfolg gekrönt. So konnte Baumann aus nächster Nähe erleben, wie eine 1872 in Egnach gegründete Kondensmilchfabrik bereits 1877 in Konkurs ging. Vor allem aber war im Oberthurgau der gesellschaftliche Wandel spürbar. Auch wenn Baumann nach der Rückkehr ins bäuerliche Egnach wieder in einer anderen Welt lebte als in den Städten seines Studiums, im Bezirkshauptort Arbon, wo er sich als Gerichtspräsident jede Woche aufhielt, erlebte er eine Gesellschaft im Umbruch.

1862 hatte Franz Saurer seine Giesserei von St. Gallen nach Arbon verlegt, 1878 produzierte er die erste Schifflistickmaschine – eine neue

Abb. 13: Arbon, Saurer-Werk 1, um die Jahrhundertwende. Gleich anschliessend an das Altstädtchen von Arbon, um die Ecke vom Bezirksgericht aus, baute seit den 1870er-Jahren Adolph Saurer seine Fabrik allmählich aus. 1878 wurde die erste Schifflistickmaschine produziert, 1890 wurde die Metallarbeitergewerkschaft Arbon gegründet, 1896 dann wurde das erste Gefährt mit Saurer-Motor vorgestellt. Die Welt der Industriegesellschaft, die Ulrich Baumann in Basel, Zürich und München kennengelernt hatte, erfasste nun auch den Oberthurgau in ihrer modernsten Form. Dass Arbon sich um die Jahrhundertwende zum bedeutenden Industriezentrum entwickelte und wegen der vielen ausländischen Arbeiterinnen und Arbeiter als «Italienerstadt» verschrien wurde, erlebte Ulrich Baumann nicht mehr bewusst.

Industrie begann sich zu etablieren. Noch waren die Verhältnisse patriarchalisch: 1879 meldete der Arboner Bote, dass sämtliche Arbeiter der Firma (300–400) anlässlich der Hochzeit des jungen Saurer zu einem gemeinschaftlichen Essen ins Hotel Bär eingeladen worden seien; sie hatten ihm ihrerseits ein silbernes Service geschenkt. Der Patron, Adolph Saurer, «beehrte die Gesellschaft einige Stunden mit seiner Anwesenheit. [...] Erst gegen Morgen trennten sich die letzten Teilnehmer, um am andern Tag noch eine Nachfeier zu halten.» Das sei «wieder ein schöner Zug zwischen Arbeitgeber und Arbeiter und dürfte zur Hebung eines guten Verhältnisses nicht wenig beitragen», ergänzte das Lokalblatt.[34] Noch lagen die Gründung der Metallarbeitergewerkschaft (1890), der erste Streik (1897), der Bau einer riesigen Stickereifabrik (1898) in der Zukunft, erst recht, dass Arbon, wie dann im Todesjahr von Ulrich Baumann, als «Italienerstadt» verschrien wurde.[35] Aber es gab bereits deutliche Anzeichen für einen gesellschaftlichen Wandel. Der «Verein gegen Haus- und Gassenbettel», welchen Fabrikanten, Pfarrer, Lehrer und Handwerker unterstützten, damit er sich um Herberge und Verpflegung für herumziehende mittellose Wanderburschen kümmerte und damit «zur Bequemlichkeit und Sicherheit der Einwohner» beitrug, sah sich wegen steigender Beanspruchung 1885 gezwungen, bei der Stadt um eine Subvention anzufragen.[36] Und in der Gesellenkrankenkasse Arbon, die bereits seit 1826 bestand, machten sich die neuen Verhältnisse so geltend: Die Meister und Fabrikanten setzten 1883 eine Statutenrevision durch, welche ihnen die alleinige Kontrolle sicherte; die beiden Gesellenvertreter, bisher frei aus der Mitte der Gesellschaft gewählt, wurden neu von den Meistern gewählt.[37] Die Arbeitnehmer wurden zwar noch Gesellen genannt, aber die alten Zustände, in denen die Gesellen zum Handwerkerhaushalt gehörten, gingen offensichtlich zu Ende, neue Klassenverhältnisse zeichneten sich ab.

Seit 1871 gab es auch einen Stickerkrankenverein – ob er selbständige Heimarbeiter oder Fabrikarbeiter umfasste, geht aus der kurzen Meldung, die eine Versammlung 1880 ankündigte, nicht hervor. Aber sie enthält die Angabe, dass er damals neunzig Mitglieder umfasste und dass die Versammlung bei Gerichtspräsident Baumann stattfinde.[38] Dieser war also in sozialen Angelegenheiten nicht nur informiert, sondern offensichtlich auch daran beteiligt. Ob er sich direkt im Grütliverein engagierte oder von diesem nur bei Wahlen unterstützt wurde, ist nicht auszumachen.

Dieser Verein, 1838 in Genf gegründet und dann allmählich auf die ganze Schweiz sich ausdehnend, war zunächst hauptsächlich von und für Handwerksgesellen gedacht, band aber mit der Zeit immer mehr Arbeiter an sich. In den 1860er-Jahren gab es keinen Kanton ohne Sektion. 1890 erreichte er mit 353 Sektionen und 16 000 Mitgliedern den Höhepunkt, bevor er dann bald weitgehend in der Sozialdemokratischen Partei aufging, mit der er 1901 fusionierte. Anfänglich war er vor allem für wandernde Handwerksgesellen attraktiv, die im Vereinslokal mit Bibliothek, Zeitungen und Unterricht eine zweite Heimat fanden und gleichzeitig «durch Bildung zur Freiheit» geführt werden sollten, wie das Motto des «Grütlianers» lautete, der seit 1851 erscheinenden Zeitung. Von Anfang an nationalpatriotisch ausgerichtet, wie schon der Name demonstriert, standen zunächst radikal-demokratische Forderungen im Zentrum, auch wenn schon früh auch von der «Emanzipation der untern Klassen» die Rede war, ohne die «unsere Schweizerfreiheit leerer Schall» sei.[39] Als Revisionswünsche des «schweizerischen Arbeiterstandes» für die neue

Bundesverfassung wurden 1871 etwa ein Einkammerparlament und die Abschaffung der Standesstimmen sowie ein Arbeiter- und Gewerbegesetz gefordert. In der Statutenrevision von 1874 wurde die «Entwicklung des politischen und sozialen Fortschritts im Schweizerlande und die Förderung nationalen Bewusstseins auf Grundlage der freisinnigen Demokratie» als Ziel formuliert – ein Ziel, mit dem Baumann sich sicher identifizieren konnte; neu wurde auch die «Aufstellung und Unterstützung geeigneter Kandidaten» in Aussicht gestellt. Gleichzeitig gab es aber auch heftige Auseinandersetzungen darüber, ob eine mehr sozialistisch-internationale oder eine mehr demokratisch-nationale Ausrichtung angestrebt werden sollte. So wurde 1878 an einer Delegiertenversammlung zwar der Plan abgelehnt, gemeinsam mit dem Arbeiterbund eine sozialdemokratische Partei zu bilden, dem sozialdemokratischen Parteiprogramm wurde indessen zugestimmt. Die Ostschweizer Sektionen, namentlich St. Gallen und Arbon, standen in dieser Auseinandersetzung auf der linken Seite.[40]

Die Sektion Arbon, die sich 1875 auf ungefähr hundert Stimmbürger berief, scheint auch besonders aktiv gewesen zu sein. 1874 etwa beschaffte sie billige Lebensmittel, erwirkte eine Herabsetzung des Milchpreises in der Ortschaft und vermittelte den Kauf und Verkauf von Kartoffeln, wurde also als Vorläuferin einer Konsumgenossenschaft tätig; in Zürich hatten Grütlianer bereits 1851 den Konsumverein gegründet. 1878 arbeitete der Arboner Grütliverein am Erwerb eines eigenen Heims und vermehrte seine Bibliothek, die mit Schiller, Goethe und Brockhaus bereits als eine der bestdotierten Grütli-Bibliotheken galt.[41] Jede Grütli-Sektion strebte danach, ein Lokal zu haben, das jeden Abend offen war für Zeitungs- und Buchlektüre sowie Diskussion. Dazu konnten eine Krankenkasse, Turnen (ein Turnverein fehlte in Arbon), Singen, im Winter Unterricht für Zeichnen, Buchhaltung und politische Bildung («Vaterlands- und Verfassungskunde») kommen. Nicht alle Thurgauer Sektionen, die sich 1878 zum Kantonalverband zusammenschlossen, dürften so viel zu bieten gehabt haben. 1883 gab es sechs Thurgauer Sektionen, davon drei im Oberthurgau: Arbon, Romanshorn, Bischofszell, dazu Frauenfeld, Rothenhausen und Salenstein. Diejenigen ausserhalb Arbons dürften nicht sehr gross gewesen sein. So hatte die Sektion Bischofszell, von der Protokolle aus den 1870er- und 1880er-Jahren erhalten sind, damals zwanzig bis dreissig Mitglieder; an den etwa monatlichen Versammlungen jeweils am Sonntagnachmittag nahmen zehn bis zwanzig teil.[42] Sie sprachen sich wie in den bürgerlichen Revolutionen von 1789 und 1848 mit «Bürger» an und behandelten vor allem Vereinsformalitäten (Beiträge, Krankenkasse etc.); der Antrag von «Bürger Braun» (einem Sekundarlehrer), inhaltliche Diskussionen nicht anschliessend zu führen, sondern in die Versammlung zu integrieren, wurde nicht lange verfolgt – so haben wir kaum Kenntnisse über diese Diskussionen.

Anders beim Volkswirtschaftlichen Verein des Bezirks Arbon, einem bürgerlichen Diskussionsklub, dessen Versammlungen fünfzig bis hundert Teilnehmer anzogen; es konnten aber wesentlich mehr sein. Da wurde etwa über Sozialismus diskutiert, über die Todesstrafe oder über Krankenpflege. Baumann, Mitte der 1880er-Jahre Präsident des Vereins, übernahm etwa beim Thema Impfzwang, da kein Arzt referieren wollte, selbst das Referat; er entledigte sich der Aufgabe vor 400 Zuhörern (!) gemäss dem Bericht im «Arboner Boten» «in vorzüglicher Weise» und sprach sich, bei allem Verständnis für die Gegner, für den Pockenimpfzwang aus.[43] Auch in Baumanns Heimatgemeinde Egnach wurde 1886, wahrscheinlich unter seiner Mitwirkung, ein Diskussionsklub gegründet, die Mittwochsgesellschaft, in der teils in geschlossenen, teils in öffentlichen Veranstaltungen eifrig über alles Mögliche diskutiert wurde; als Referenten traten meist Pfarrer, Lehrer, Ärzte oder eben Politiker wie Baumann auf. Die Bedeutung solcher Diskussionszirkel dürfte für die Entwicklung der Demokratie – zumal vor der Gründung von politischen Parteien – nicht zu überschätzen sein.

Nationalratswahl 1887 und Auseinandersetzung um Bismarck

Ulrich Baumann war in politischen Kreisen des Bezirks Arbon also eine bekannte Figur, als er 1887 bei den nationalen Wahlen wieder als Kandidat auftauchte. Das Aktionskomitee des schweizerischen Arbeitertages in Bern hatte im Spätsommer die Arbeitervereine aufgerufen, eigene Wahllisten für den Nationalrat aufzustellen. Es werde sich zeigen, ob es gescheit sei, durch Lostrennung von den Liberalen konservativen Elementen zum Sieg zu verhelfen, kommentierte herablassend die «Thurgauer Zeitung». Später sprach sie von einer «Schrulle der Arbeiter», welche die Mühe nicht lohne, «sich mit dieser Nachäfferei ausländischer Verhältnisse abzugeben». Als dann eine St. Galler Zeitung von einer bevorstehenden Kandidatur der Opposition sprach, verschärfte sie den Ton: Niemand nehme das ernst; dennoch warnte die der Regierung nahestehende Zeitung, «dass derartige Blasen nur aus trüben Gewässern aufsteigen und nur von solchen Leuten benutzt werden, die gern im Trüben fischen». Und sie fügte hinzu: «Wir fragen: Wer ist diese Arbeiterpartei? Unsere Arbeiterpartei ist das gesamte arbeitende thurgauische Volk.» Eine Arbeiterpartei sei ein «fremdländisches, dem Charakter und der Einrichtung unseres Volkslebens vollständig widerstrebendes Institut zum Zwecke der sozialistischen Propaganda, des Umsturzes der staatlichen und gesellschaftlichen Verhältnisse».[44]

Damit war nun eine gehässige öffentliche Diskussion eröffnet, die mehrere Zeitungen erfasste. «Wie toll geberdet sich die Thurg. Ztg., dass im Thurgau mit Umgehung ‹Ihrer Majestät› sich jemand erlaubt» habe, eine neue Nationalratskandidatur, nämlich Ulrich Baumann, aufzustellen, kommentierte der «Grütlianer»; deren Wut sei «ein untrügliches Zeichen, dass der Vorschlag volksthümlich und gut ist».[45] Das «Thurgauer Tagblatt», das sich als linksdemokratisches Blatt verstand, empfahl Baumann als «Mann, der mit dem herrschenden System in keiner Weise verwachsen ist». Seine Kandidatur richte sich gegen Nationalrat Schümperlin, der in letzter Zeit «eines der zähesten Systemhäupter», ja «eine Hauptstütze des Systems» geworden sei. Ob es denn im Thurgau wirklich ein System gebe, fragte die Zeitung selbst und antwortete: «Freilich herrscht ein System der schlimmsten Sorte, das in der sich allmächtig dünkenden Thurg. Ztg. verkörpert ist, welche alles ihrem Willen dienstbar machen will. Man hat politische Vereine, welche man von oben herab in Bewegung setzt, wenn gewisse Zwecke erreicht werden sollen. Man hat Drohungen, grober und feiner Art, wenn noch Hoffnung auf die Bekehrung des Sünders besteht; ist's dagegen ein Hartgesottener [...], dann greift man zum gröberen Geschütz der Verlästerung. In einem solchen Verfahren liegt fürwahr System.»[46] Ein Systembegriff, der freilich mehr einem Unbehagen als einer politikwissenschaftlichen Analyse zu entspringen scheint.

Die tatsächliche oder angebliche Macht der «Thurgauer Zeitung» spielte in der ganzen Auseinandersetzung die zentrale Rolle. Baumann selbst veröffentlichte eine offene Antwort an die «Thurgauer Zeitung» auf der Titelseite des «Thurgauer Tagblatts» und in der Romanshorner «Bodensee-Zeitung». Ohne sein Wissen und Zutun sei er als Nationalratskandidat genannt worden, was er aber anstrebe, «braucht keineswegs das Licht zu scheuen». Seine Grundätze fussten «in der Meinung, dass unserm Land und Volk die eben so hohe als schwierige Aufgabe geworden ist, inmitten des rings entbrannten und noch furchtbarer drohenden Rassenkampfes die Fahne des Friedens aller Völker hochzuhalten, [...] in dem heissen Wunsche, dass alle Gutgesinnten zusammenarbeiten möchten, den Frieden im Innern auf konfessionellem wie sozialem Gebiete kräftig zu fördern und gleichzeitig die Wehrkräfte nach aussen zu heben, damit wir durch das Musterbild eines in Freiheit geordneten und gerechten Staatshaushalts uns Achtung verschaffen und für den schlimmsten Fall in Eintracht stark und gerüstet stehen.

Zum konfessionellen Frieden, halte ich dafür, sollte jeder wahrhaft Freisinnige beitragen, wenn er betont, worin alle Menschen, wess auch ihr Glaube sei, einiggehen können, und wenn er dagegen hilft, vergessen zu machen, was uns trennt und lange genug entzweit hat. Den

Weg zum sozialen Frieden bahnt sich das schweizerische Volk ruhig und sicher durch den allmäligen Ausbau derjenigen Institutionen und Gesetze, welche geeignet sind, ungesunde Gegensätze auszugleichen, Noth, wo sie herrscht, zu mildern.»

Wenn er bei den Katholisch-Konservativen eine gewisse Anerkennung gefunden habe, so freue ihn das, «darin die Wirkung der mir selbst innewohnenden Achtung vor der redlichen Überzeugung Andersdenkender erblicken zu dürfen». Er vertraue darauf, dass es dort in schwieriger Zeit ebenso treue Freunde der Freiheiten geben werde wie «vielleicht unter gewissen liberal sich nennenden Bismarckanbetern». Es sei ihm unangenehm, gegen einen bisherigen Nationalrat anzutreten, er wäre dem Wahlkampf gern ferngeblieben. Nach dieser unfairen Behandlung aber erhebe er Protest und ziehe es vor, im ungleichen Kampf zu bleiben, über dessen Ausgang er sich keine Illusionen mache, «und wäre es auch nur, um zu vernehmen, wie weit und wie lange noch die Methode der Thurgauer Zeitung gegen diejenigen, die sich ihr nicht fügsam erweisen, die Zustimmung des thurgauischen Volkes findet.»[47]

Die Wahlen brachten den erwarteten Ausgang. Während die andern Bisherigen mit etwa 14 000 Stimmen gewählt wurden, musste sich Schümperlin mit 9000 zufriedengeben, Baumann konnte ihn mit 6000 Stimmen nicht ernsthaft gefährden, im Bezirk Arbon und im katholischen Bezirk Münchwilen schlug er ihn aber deutlich. Die «Thurgauer Zeitung» freute sich über die landesweit relativ geringe Stimmenzahl der «Zählkandidaten der sog. Arbeiterpartei» und schimpfte in einem ausschweifenden Leitartikel gegen Leute, die «unduldsamen Republikanismus nur als Kriegsmaschine zu persönlichen Zwecken» brauchen.[48] «So hat auch Herr B. in N. als beste Ladung für seine Kriegsmaschine einen Angriff auf die Thurgauer Zeitung angesehen. Als Zeitzünder benutzte er den Vorwurf, dass dieses Blatt Bismarck anbete.» Das sei nicht ungeschickt, die «Thurgauer Zeitung» weise es wegen ihrer Leser zurück, gehe aber nicht auf die «Offene Antwort», das «nationalrathskandidätliche Meisterstück des Herrn B.», ein. Seine Andeutungen, dass sie ihre Überzeugungen aus Berlin beziehe, werde sie bei Wiederholung vor Gericht ziehen.

Damit war ein Thema angesprochen, das in den 1880er-Jahren in der Schweizer Politik zu heftigen Auseinandersetzungen Anlass gab und auch das Verhältnis von «Thurgauer Zeitung» und Baumann vergiftete: die Politik Bismarcks gegenüber der Opposition und, wenn deren Repräsentanten in die Schweiz flohen, gegenüber der Schweiz. Das nach dem Sieg über Frankreich gebildete Deutsche Reich stand bei schweizerischen Demokraten von Anfang an nicht in gutem Ruf, sein Schöpfer Bismarck ebenso wenig, sah man doch die Schweiz als kleine demokratische Republik vom mächtigen neuen Nachbarn bedroht. Bismarcks Kulturkampf gegen den Katholizismus weckte dann zwar bei manchen Liberalen Sympathien für den deutschen Machtpolitiker, den man nun teilweise als Bündnispartner im «Fortschritt» sah. Mit dem Sozialistengesetz von 1878 verflogen diese vorübergehenden Sympathien aber bei den meisten wieder, Bismarck wurde wieder als der alte preussische Junker, der Reaktionär und Absolutist, der Verächter von Freiheit, Demokratie und Fortschritt gesehen.[49]

Da manche Politiker der nun verbotenen SPD in die Schweiz flüchteten und von dort mit Exilzeitungen Bismarck verhöhnten, ja die SPD sogar Parteikongresse in der Schweiz abhielt, waren Konflikte vorprogrammiert. 1887 spitzten sie sich zu. An einem Sozialistenkongress in St. Gallen mit starker Schweizer Beteiligung sprach der SPD-Führer Wilhelm Liebknecht vor einer fast tausendköpfigen Volksversammlung. Bismarcks Versuche, auf die Schweizer Behörden Druck auszuüben, wurden in weiten Kreisen als Bedrohung der Freiheit angesehen, sein Angriff auf das Asylrecht als Angriff auf die Souveränität. Als der Bundesrat 1888 deutsche Redaktoren von SPD-Publikationen auswies, demonstrierten in Zürich rund 2000 dagegen, auch in Bern und Basel kam es zu Demonstrationen. Besondere Empörung rief hervor, dass Bismarck die Exilsozialisten in der Schweiz durch Spitzel aushorchen liess. Bereits 1888 wurden in Zürich zwei Spitzel verhaftet, der eine davon trug Dynamit bei sich; die Wohlgemuth-Affäre im folgenden Jahr – der preussische Polizeibeamte Wohlgemuth, der Spitzel anwerben wollte, wurde verhaftet und festgesetzt – führte zu eindeutigen Stellungnahmen der Presse und breiten Protesten in politischen Kreisen.

Ulrich Baumann gehörte zu denjenigen, die sich entschieden gegen jedes Entgegenkommen der Schweiz gegenüber Bismarck stellten. Er hielt, wie er seinem Rückblick auf das Jahr 1888 feststellte, Spitzel für die «ärgsten Schurken unseres Jahrhunderts», da sie nicht nur auskundschafteten, sondern auch «unbesonnene und verwirrte Köpfe zu ruchlosen Gewaltthaten aufzureizen und zu verleiten» suchten, «damit die Schweiz vor der Welt als Pflanzstätte der Unordnung und anarchistischer Umtriebe erscheine». Im Kreisschreiben des Bundesrates an die Kantonsregierungen vom Mai 1888, das die polizeiliche Überwachung von Versammlungen von Ausländern und Schweizern verlangte, sah er ein «abscheuliches System geheimer politischer Spürhunde», konnte aber befriedigt feststellen, dass es nach Proteststürmen präzisiert und abgemildert wurde.[50]

Es war nicht zuletzt die bismarckfreundliche Haltung der «Thurgauer Zeitung», welche Baumanns Angriffe auf das «Systemblatt» verschärfte und umgekehrt. In der Tat nahm das Blatt aus Frauenfeld im Unterschied zu vielen anderen freisinnigen Zeitungen oft erstaunlich positiv Stellung zum starken Mann des Deutschen Reichs. Im erwähnten Wahlkommentar erklärte es gleich selbst, warum es mit Bismarcks Leistungen sympathisiere: Die deutsche Einigung sei «von der allergrössten und heilsamsten Bedeutung». Bismarck sichere den Frieden – «es kann nicht unrepublikanisch sein, das Grosse, das sich und sein Leben dem Besten seines Volkes und der Menschheit opfert, neidlos anzuerkennen». In einem grossen Leitartikel eine Woche später schwärmte sie geradezu vom deutschen Kanzler.[51]

Das linksdemokratische «Thurgauer Tagblatt» meinte, Baumanns Vorwurf der «bismarckanbeterischen Gesinnung» habe die «Thurgauer Zeitung» am meisten verdrossen, dabei müsse man «weitherum bei den Freisinnigen der übrigen Schweiz suchen, bis man auf eine ähnlich vergötternde Haltung eines Pressorgans stösst».[52] Als dasselbe Blatt im Winter 1888 ein «Mahnwort an das Thurgauer Volk» abdruckte, sich von der «Thurgauer Zeitung» abzuwenden, weil sie wie die «Neue Zürcher Zeitung» längst als Freund und Verfechter bismarckscher Gewaltpolitik gelte, was in keiner Weise der Haltung der Thurgauer Bevölkerung entspreche, sah sich Baumann ein paar Tage später zu einer Stellungnahme genötigt. «Um Missverständnissen vorzubeugen und einer neuen Zeitungsfehde wo möglich auszuweichen», erklärte er in einer Zuschrift, er habe dieses Mahnwort nicht verfasst, er werde auch in Zukunft nur unter seinem Namen schreiben.[53] Das half dem Verhältnis zur mächtigen «Thurgauer Zeitung» allerdings nicht. Diese beurteilte ihn fortan nur noch negativ. So hiess es in einem Bericht aus dem Grossen Rat, als Baumann über den Rechenschaftsbericht referierte: Er «entledigte sich seiner Aufgabe zum Theil in einer [...] wenig der Würde seiner Stellung und des Ortes entsprechenden Weise», indem er immer wieder die «Thurgauer Zeitung» angegriffen habe.[54] Tatsächlich scheint ihn das Thema zu Exzessen verführt zu haben, jedenfalls wurde ihm im Mai in einer Grossratssitzung das Wort entzogen; seine Motion betreffend «Gewährleistung der Redefreiheit und der freien Meinungsäusserung im Grossen Rath» wurde in der nächsten Sitzung zwar abgelehnt, «dagegen hat Herr Baumann erreicht, was er wollte», berichtete das «Thurgauer Tagblatt»: «sich im Grossen Rathe über seine politische Stellung auszusprechen, um derentwillen er bei Anlass der letzten Nationalrathswahlkampagne so hart und grundlos angefochten worden war.»[55] Dr. Fritschi hingegen fasste die Geschichte so zusammen: «Im Grossrathssaale kam es zu einem unerhörten Skandal.»

Abb. 14: Ulrich Baumann als Hauptmann, Mitte der 1880er-Jahre. Das einzige Foto aus den 1880er-Jahren, das von Ulrich Baumann erhalten ist. Die militärische Karriere scheint offensichtlich ein Anlass zu einem stolzen Porträt gewesen zu sein. Eine positive Haltung zum Militär war bei den linken Demokraten jener Zeit verbreitet. So war auch der St. Galler Heinrich Scherrer, damals Präsident des Grütlivereins und später erster sozialdemokratischer Ständerat, Offizier im Grad des Majors. Die Armee stand für die Verteidigung der demokratischen Republik gegen die umliegenden Monarchien und war bei der Linken noch nicht durch Einsätze gegen Streiks diskreditiert.

Aufsehenerregende Ständeratswahlschlacht

Im Herbst 1888 starb überraschend der freisinnige Ständerat Johannes Altwegg erst 41-jährig – er war schon im Alter von 33 Jahren in die Kleine Kammer gewählt worden. Die Ersatzwahl, ursprünglich auf den 23. Dezember festgesetzt, wurde nach Kritik auf den 13. Januar verschoben. Der «Grütlianer» nannte schon Ende Dezember Baumann den gegebenen Kandidaten, aber noch nach Neujahr schrieben Korrespondenten im selben Blatt, nur Oberrichter Fehr und Oberst Leumann hätten Chancen, andere Kandidaturen würden «kaum ernstlich in Frage kommen». «Eine ausgesprochen demokratische Kandidatur» habe «zur Zeit (darüber besteht kein Zweifel) gar keine Aussicht». Eine solche «Zählkandidatur» würde nur dem «altliberalen» Johann Georg Leumann helfen und hätte «höchstens den Werth einer Demonstration».[56] Kurz vor der Wahl aber wurde dem in der gleichen Zeitung widersprochen: Die Arbeiterpartei halte fest «an der von Anfang an vom Kantonalvorstand der Grütlivereine genannten Kandidatur» Baumann – «ein Mann von unabhängigem Charakter, tüchtig gebildet und den sozialen Fortschritten zugethan; er bethätigt sich mit warmer Theilnahme an den Interessen der arbeitenden Klassen und hat sich nie gescheut, frei und unerschrocken für diese Stellung zu nehmen».

Unterdessen war von verschiedenen Seiten die Kandidatur Baumann auch begrüsst worden. Im Arboner «Oberthurgauer», dessen Redaktion sich zurückhielt, schrieb ein Einsender: «Es ist unsere Pflicht dahin zu wirken, dass dem Ständerath eine radikale Mehrheit gesichert bleibt, wir wollen deshalb für diesen Posten keinen ‹Mittelmann› wählen, sondern einen Mann, von dem wir wissen, dass er voll und ganz für die Gesetzgebung auf sozialem Gebiete, die heute im Vordergrund steht, eintritt.»[57] Als Beispiele solcher Sozialgesetze nannte er das Fabrik- und Haftpflichtgesetz, ein obligatorisches Kranken- und Unfallversicherungsgesetz und das Konkursgesetz. Mit dem «Mittelmann» war Leumann gemeint, der auch als «Altliberaler» angegriffen wurde, der gegen eine soziale Gesetzgebung sei. Insgesamt wurden drei Kandidaten aus dem freisinnig-liberalen Lager aufgestellt, von demokratischer Seite auch noch Joseph Anton Koch, Oberstleutnant, Zeughausverwalter, schlagfertiger Redner und späterer Gründungspräsident der demokratischen Partei. Das Sprachrohr der katholisch-konservativen Minderheit – sie wurde in der Sprache der Zeit wegen ihrer Treue zum antiliberalen und antimodernen Vatikan jenseits der Berge als «ultramontan» bezeichnet – stellte sich auf die Seite der beiden Demokraten: Das nächste Ziel sei der «Kampf gegen das Monopol einer Richtung. [...] Unser Platz in Wahlfragen [...] ist also neben den ‹Demokraten›, denen wir im Uebrigen bald einmal eine strammere Organisation wünschen.» Also empfahl das Blatt für den ersten Wahlgang Baumann und Koch – wer mehr Stimmen mache, sei dann der einzige Kandidat für den folgenden.[58]

Ohne Nennung seines Namens erwähnt am 7. Januar, sechs Tage vor der Wahl, der Korrespondent der «Neuen Zürcher Zeitung», in Frage komme vielleicht auch «jener Herr Gerichtspräsident, der sich durch seine Reden im Grossen Rat eine eigentümliche Berühmtheit erworben habe und der gewiss auch eine ganz ‹besondere› Zierde des Ständerates wäre». Zwei Tage später nannte er ihn «das Schosskind der organisierten Arbeiterpartei».[59] Erst spät, ein paar Tage vor den Wahlen, äusserte sich die «Thurgauer Zeitung»: Sie sprach von einem «embarras de richesse», ernst zu nehmen seien jedoch nur die beiden Freisinnigen Fehr und Leumann (und sprach sich für Letzteren aus, der als Offizier und Industrieller «eine freisinnige, gemässigt radikal-demokratische Richtung» vertrete), Baumanns «Stern scheint nicht im Wachsen begriffen zu sein». Nachdem mehrere Einsender gegen diese einseitige Stellungnahme protestiert hatten, korrigierte die Zeitung am Tag vor den Wahlen ihre Haltung: Ernst zu nehmen seien nur die *drei* Freisinnigen, gleichzeitig bedauerte sie, dass keine Einheitskandidatur zustande gekommen sei, denn die Zersplitterung nütze nur der sogenannten Opposition, an deren Erfolg aber weder sie noch jene selbst glaubten.[60] Nach dem ersten Wahlgang konstatierte sie: Leumann hatte fast 7000 Stimmen erreicht, Baumann lag mit 5500 an zweiter Stelle; zählte man die beiden weiteren freisinnigen Kandidaten zu Leumann, hatte das freisinnige Lager zwei Drittel der Stimmen erreicht, das demokratische (Baumann und Koch) nur ein Drittel. Da die beiden andern Freisinnigen ebenso wie der zweite Demokrat, Koch, für den zweiten Wahlgang ihren Rückzug erklärten, sei die Wahl Leumanns klar.

Dennoch verschärfte sich der Ton nun auf beiden Seiten. Die Opposition sei, so die «Thurgauer Zeitung», «ein Konglomerat, ein Gemisch von verschiedenen Bestandtheilen»; diese «ultramontan-sozialdemokratische Allianz» verfüge über keine richtige Organisation, versuche das aber durch auswärtige Journalisten und den Grütliverein, der von ausserhalb des Kantons gesteuert werde, «durch endlosen Wort- und Phrasenschwall und durch massloses Heruntermachen unserer politischen Verhältnisse» sowie «schwindelhafte volksbeglückerische Versprechungen» und «freche Lügen» zu kompensieren.[61] Sie empörte sich vor allem darüber, dass Leumann als Kandidat des «Systems» beziehungsweise der «Thurgauer Zeitung» angegriffen wurde. «Nieder mit den offiziellen Kandidaturen!», hatte das «Thurgauer Tagblatt» getitelt, denn: «Die Zwingherren im Regierungsgebäude wollen die öffentlichen Wahlen kommandiren.» Es wurde aber auch inhaltlich argumentiert: «Wir haben Grossindustrielle, Bank-

und Eisenbahnverwaltungsräthe übergenug in Bern.»[62] Leumann wurde als Gegner des Fabrikgesetzes (1877) und der Haftpflicht, also der grössten sozialen Fortschritte der letzten Jahre, angegriffen. Als Reaktion erschien in manchen Zeitungen eine Stellungnahme von Arbeitern aus Bürglen, wo Leumanns Fabrik stand, die seine angeblich arbeiterfreundliche Haltung bezeugten. Überzogen erscheint sicher die Qualifizierung von Leumann als «Kriegsoberst», stand er doch in der militärischen Hierarchie nicht weit über dem kurz vorher zum Major beförderten Baumann.

Im Fokus der Gegner Baumanns stand auch die faktische Allianz der Linken mit den Katholiken – die «Thurgauer Zeitung» höhnte über die «sozialistisch-ultramontane Heilsarmee».[63] Die katholische «Thurgauer Wochenzeitung» reagierte kühl: «Einigen will die Stellungnahme der Katholiken [...] nicht einleuchten. Wie kann es nur kommen, fragen sie, theils verwundert, theils ärgerlich [...], dass die Katholiken sich zur äussersten Linken schlugen? – Wer sich hierüber entsetzt, muss in der Politik noch ziemlich ‹grün› sein.» Es gehe nicht um einen Pakt, sondern um eine Allianz von Fall zu Fall. Wenn es um direkte gegen repräsentative Demokratie und um soziale Fragen gehe, stünden die Katholiken nicht auf der Seite des Liberalismus, sondern zögen «Männer der offenen und frischen ‹Linken› vor.»[64] Das demokratische «Thurgauer Tagblatt» seinerseits befand, der Kulturkampf sei vorbei; es könne «kaum noch vom Dasein politisch-konfessioneller Streitfragen gesprochen werden», die Sozialgesetzgebung stehe im Vordergrund.[65]

Obwohl schon beim ersten Wahlgang von einer hohen Stimmbeteiligung gesprochen wurde, stieg diese im zweiten Wahlgang nochmals deutlich an: Baumann machte rund 9300 Stimmen, Leumann kam zwar auf 9900, verpasste aber wegen rund 600 Enthaltungen das absolute Mehr um vier Stimmen. Die «Thurgauer Zeitung» gab sich «kalt und ruhig» angesichts des «Triumphgeschreis» der Oppositionspresse, das in der ganzen Schweiz widerhalle und häufig nicht verfehle, die Niederlage ebendieser «Thurgauer Zeitung» zuzuschreiben. Die «Allgemeine Schweizer Zeitung» etwa meinte: «Dieses leitende Presseorgan hat am 27. Januar eine Niederlage erlitten, wie sie niemand erwartet hat und wie sie ihm bis jetzt noch nie zugestossen ist.»[66] Die demokratische «Züricher Post» wies auch auf Baumanns entschiedene Haltung gegen die deutsche Geheimpolizei und auf die Deutschfreundlichkeit der «Thurgauer Zeitung» hin. Und der ebenfalls demokratische Winterthurer «Landbote» ortete neben der aussenpolitischen «Bismarck-Servilität» ein grundsätzliches Problem: «Das politische Hauptorgan des freisinnigen Thurgau trug etwas wie Unfehlbarkeitswahn in seinem Kopf herum und wurde immer unverträglicher gegen jede abweichende Meinung; ungeniessbarer Hochmuth trat an die Stelle demokratischer Toleranz. Von einer Entwicklung der Demokratie nach der sozialpolitischen Seite hin wollte vor Allem das Blatt nichts wissen.»[67] Die «Neue Zürcher Zeitung» hingegen befand spöttisch: «Es rauscht in den Schachtelhalmen der sozialen Demokratie.» Man habe, so hiess es jetzt plötzlich, von Anfang an gewusst, dass Baumann ein für den Freisinn gefährlicher Kandidat sei, denn: «Er wird als ein tüchtiger Mann geschildert und geniesst in den obern Bezirken einer grossen Popularität [sic].»[68] Die demokratische Presse freue sich allerdings wohl deshalb so sehr, weil sie wisse, dass die Freude nach dem dritten Wahlgang zu Ende sei, so das herablassende Fazit des freisinnigen Leitmediums.

Weniger «kalt und ruhig» als die «Thurgauer Zeitung» reagierten die führenden Figuren des Freisinns. Ein Zirkular lud Anhänger Leumanns zu einer Versammlung von Notabeln – Grossräten, Gemeindeammännern, Notaren etc. – nach Märstetten ein zu einer Besprechung; denn das Resultat des zweiten Wahlgangs entspreche «durchaus nicht den freisinnigen Anschauungen der grössern Mehrheit unseres Thurgauer Volkes», es müsse «vielmehr als ein durch verschiedene Zufälligkeiten und Unkenntniss der Personen künstlich erlangtes bezeichnet werden».[69] So versammelten sich etwa 200 Repräsentanten und richteten einen dramatischen Appell an die freisinnigen Wähler, den Thurgau in Bern nicht durch einen Repräsentanten der roten oder schwarzen Internationale vertreten zu lassen. Das «Offene Wort zur Ständerathswahl» wurde mit allen Unterschriften auf der Titelseite der «Thurgauer Zeitung» am Tag vor der Wahl veröffentlicht und auch anderswo abgedruckt[70] und erklärte, Leumann sei als Vertreter des Systems verunglimpft worden, indessen: «Es gibt im Thurgau kein System, es sei denn das der Verdächtigung und Verdrehung, wie es von unsern Gegnern im gegenwärtigen Wahlkampfe praktiziert wird.» Der Kandidat der Gegenpartei werde als Mann der Freiheit dargestellt, dabei sei er mit den Papisten verbündet, als Mann des konfessionellen Friedens, dabei habe er sich in einem Kirchhofstreit für Intoleranz eingesetzt. «Er wird euch angepriesen als Thurgauer Volksmann, und ist der Mann derjenigen, welche den aus dem Ausland stammenden Umsturzbewegungen auch bei uns Eingang zu verschaffen versuchen.» Schliesslich habe er den Grossratssaal zum Schauplatz eines Auftritts gemacht, «ob dem jeder Thurgauer vor den Miteidgenossen erröthen müsste».

Auf der Gegenseite wurde ebenfalls die Tonlage nochmals erhöht. Die Romanshorner «Bodensee-Zeitung», die schon vor dem ersten Wahlgang dramatisch geschrieben hatte «Volk, wach auf! Man will Dir von gewisser Seite zumuthen, einen Kriegsobersten und Grossindustriellen in den Ständerath zu wählen», legte in einem flammenden Aufruf nochmals nach: «Wir wollen freie Thurgauer sein und dulden keine Gewaltherr-

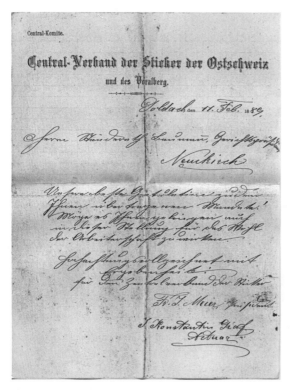

Abb. 15: Glückwunsch des Stickerverbands zur Ständeratswahl. «Unsere beste Gratulation zu dem Ihnen übertragenen Mandate! Möge es Ihnen gelingen auch in dieser Stellung für das Wohl der Arbeiterschaft zu wirken. / Hochachtungsvoll zeichnet mit Ergebenheit ...» Es klingt, auch wenn es zeitgenössischen Floskeln folgt, fast ehrfurchtsvoll distanziert, wie der Stickerverband, der «selbständige» Heimarbeiter sowie Fabrikarbeiter organisierte, seine Glückwünsche formuliert. In dieser Haltung spiegelt sich das erst zaghaft beginnende politische Engagement einfacher Arbeiter.

schaft!» «Vorwärts! Es lebe die Demokratie!»[71] Das katholische Sprachrohr erklärte nüchterner: «Unsere Gegner scheinen zu befürchten, dass es mit ihrer Alleinherrschaft zu Ende gehe.» Nur so erkläre sich die aggressive Verleumdung von 9200 Wählern und der Katholiken im Besonderen. Ein Grund, Baumann zu wählen, sei auch der Protest «gegen den Hochmuth, mit welchem das gegnerische Hauptorgan die Interessen der kleinen Leute behandelt und in allen politischen Dingen sich unfehlbar dünkt».[72]

Die Mobilisierung scheint sehr hoch gewesen zu sein, die Stimmbeteiligung so hoch wie seit der Revisionsbewegung von 1869 nicht mehr, das «Thurgauer Tagblatt» erklärte, es werde von einer «Hochflut an Einsendungen» überschwemmt und könne nicht alle veröffentlichen. Und in letzter Stunde erhalte die «Thurgauer Zeitung», so das «Tagblatt» höhnisch, noch Hilfe von der «Neuen Zürcher Zeitung», dem «St. Galler Tagblatt» und «von ‹Bauern›, die ganz wunderbar gut schreiben» – «Alles rennet, rettet, flüchtet».[73]

In der Tat zeigte der dritte Wahlgang, dass eine Dynamik entfacht worden war, welche nicht mehr aufzuhalten war. Baumann legte nochmals 2000 Stimmen zu und schlug Leumann mit 11 300 gegen 10 200 überra-

Abb. 16: Ulrich Baumanns 1889 unterlegener Gegenkandidat und 1890 Nachfolger Johann Georg Leumann (1842–1918). Leumann, verheiratet mit einer Tochter des Winterthurer Industriellen Salomon Sulzer, strahlt auf diesem Foto (wohl aus etwas späteren Jahren) das ganze Selbstbewusstsein eines ländlichen Fabrikanten und Obersten der Kavallerie aus. Er war zudem Verwaltungsrat der Nordostbahn, später auch der Ciba Basel und der Winterthur Versicherungen. Liberale dieses Schlags wurden von der ländlichen Bevölkerung weniger als Männer des Volkes empfunden, sondern als «Aristokraten» bezeichnet.

schend deutlich. Charakteristisch sind zum Beispiel die Wahlresultate von Arbon. Hatte Baumann bei den Nationalratswahlen von 1887 noch nur 92 von 343 Stimmen gemacht, waren es in diesem Ständeratswahlkampf im ersten Wahlgang 204 von 478 – allerdings wurde er da noch von Leumann geschlagen. In der Folge erhöhte sich bei jedem Wahlgang die Stimmbeteiligung, von 74 Prozent im ersten auf 86 Prozent im dritten Wahlgang, und Baumanns Stimmen stiegen auf 254, dann 356, während Leumann von Wahlgang zu Wahlgang zurückfiel und am Schluss nur noch 192 Stimmen machte, obwohl im lokalen «Oberthurgauer» in dieser Phase mehr Artikel für Leumann erschienen.[74] In seiner Gemeinde Egnach kamen beim dritten Wahlgang 677 von 703 Stimmberechtigten an die Wahlversammlung, 570 stimmten für Baumann.

Die «Thurgauer Zeitung» erwähnte das Resultat kommentarlos und kam nie mehr darauf zurück. Die linksdemokratische Presse indes triumphierte. «Die Herren des ‹Systems› haben am 10. Februar 1889 eine Demüthigung erfahren von zermalmender Wirkung», schrieb die Romanshorner «Bodensee-Zeitung»; es sei ein «gesunder Protest des unabhängigen, freien Volkssinnes gegen Herrschsucht und Ausschliesslichkeit»; der

Artikel schloss mit einem «dreifach Hoch dem freiheitsliebenden thurgauischen Volke».[75] «Der Sieg ist unser», kommentierte auch das katholische Blatt, nicht ohne hinzuzufügen: «Wir kennen uns im Gefühl des Besiegten aus wie selten Jemand.»[76] Und die «Bodensee-Zeitung» berichtete vom triumphalen Empfang Baumanns in seinem Heimatdorf Neukirch durch Vereine, Fackelträger und Musik, von dichten Volksscharen vor seinem Haus und seiner von Bravos unterbrochenen Rede. Gemäss dem «Thurgauer Tagblatt» wurde Baumann in einem Zweispänner in Arbon, wo Gerichtssitzung war, abgeholt und in Neukirch mit Ehrensalven begrüsst. Am Fackelzug am Abend habe auch eine grosse Masse Publikum aus Arbon, Amriswil, Romanshorn teilgenommen. In einer gemütlichen Nachfeier von 200 Personen im Saal der «Traube» – Dr. Fritschi sprach später von einem «3tägigen Volksfest in Neukirch mit Bankett, Wein, Reden etc.» – habe Baumann «in launiger Weise» die Vorwürfe seiner Gegner zerzaust – so wieder die «Bodensee-Zeitung»: «Es war ein wahrer Genuss, seinen bezüglichen Auseinandersetzungen zuzuhören, aus denen nichts weniger als religiöse Unduldsamkeit oder Umsturzideen hervorleuchteten. Mit ihrer lächerlichen Befehdung haben die Gegner der Kandidatur Baumann den besten Dienst erwiesen. Durch die Verblendung und Kopflosigkeit der Gegner hat die Opposition den Erfolg errungen, sie wird ihn massvoll und besonnen ausnützen.» Es sind zwei Glückwunschadressen im Familienbesitz erhalten: eine handschriftliche vom Central-Verband der Sticker der Ostschweiz und des Vorarlberg («Möge es Ihnen gelingen auch in dieser Stellung für das Wohl der Arbeiterschaft zu wirken») und ein Telegramm vom führenden St. Galler Linksdemokraten Joseph Anton Scherrer-Füllemann, der seine Karriere im Thurgau begonnen hatte und der im Folgejahr in den Nationalrat gewählt werden sollte («Den Wählern, welche mit noch nie erlebten Stimmmassen den Hochmuth und die Tyrannei des Systems u. der Thurgauerzeitung niedergekämpft haben, ein dreifaches Hoch! Es lebe die Demokratie, die unerbittliche Rächerin jahrelangen Unrechts»).

«Das brave Thurgauer Volk hat sich nicht terrorisiren, nicht einschüchtern und nicht Sand in die Augen streuen lassen», kommentierte der «Grütlianer».[77] Es habe «den vom System bestgehassten, miserabel heruntergemachten» Kandidaten gewählt statt des «halbkonservativen Grossindustriellen». «Die Thurgauer haben ihren *eigenen* Kopf.» Das Resultat habe «mehr als kantonale, es hat eidgenössische Bedeutung». Es reihe sich ein in die «Niederlagen jener Politik, die vor den Monarchen rutschend nach dem eigenen Volk schlug». In der Tat wurde die Wahl schweizweit kommentiert. «Grosses Aufsehen» habe sie erregt, schrieb die «Neue Zürcher Zeitung», «da ging ein Jubel durch einen grossen Theil der Schweizer

Abb. 17: Das Bundeshaus, damals Bundesratshaus genannt, in den 1860er- oder 1870er-Jahren. Das alte Bundeshaus, heute der Westflügel des Bundeshauses, beherbergte ab 1858 Bundesrat und Parlament, es war also Schauplatz der denkwürdigen «verrückten» Rede von Ulrich Baumann. Als er 1889 in den Ständerat einzog, war das spiegelbildliche Bundeshaus Ost im Bau; mit dem Bau des zentralen Kuppelbaus, der dann das Parlament aufnahm, begann man erst 1894.

Presse, als ob das Vaterland aus aller Noth errettet sei». «Alles, was einerseits radikal und demokratisch, anderseits konservativ oder ultramontan heisst, nahm an dieser Freude theil.»[78] Der «Solothurner Volksfreund» schrieb, der Volksentscheid möge den thurgauischen Liberalen ein Fingerzeig sein, dass ein vornehmes Hinwegsehen über die Arbeitervereine und deren Bestrebungen nicht klug sei. Sogar ausländische Blätter wie die «Frankfurter Zeitung» berichteten. Offensichtlich wurde die Wahl als Signal dafür empfunden, dass sich ein Ende der freisinnigen Alleinherrschaft in der Schweiz abzeichnete – wobei angesichts der demokratisch-konservativen Wahlallianz, die den Sieg errungen hatte, noch nicht klar war, ob eher die demokratische Linke oder die katholisch-konservative Rechte davon profitieren würde. Ein politisch interessantes Signal also.

Der Absturz

So steil der Anstieg gewesen war, so rasch kam noch im selben Jahr der Absturz – ob dieser mit den Mühen des Aufstiegs und mit Überanstrengung während des kräferaubenden Wahlkampfs zu tun hatte oder nicht, wurde kontrovers gesehen und wird weiter unten thematisiert. Von Baumanns politischer Tätigkeit im Jahr 1889 ist wenig dokumentiert.

So sehr seine Gesundheit angegriffen wirkte, so aktivistisch erschien er weiterhin. Erwähnt werden von Dr. Fritschi zahlreiche öffentliche Auftritte: «[...] hielt in Vereinen Reden auf Reden über religiöse, politische, volkswirtschaftliche, militärische & soziale Fragen.» Im September ist ein Auftritt an einer Volksversammlung in Aadorf dokumentiert, organisiert von Grütliverein und Landwirtschaftlichem Verein, wo Baumann zum Schuldbetreibungs- und Konkursgesetz referierte.

Auch im Ständerat stürzte er sich offenbar ungestüm in die Debatte. Während andere zunächst ein, zwei Sessionen zuhören, so der kritische Chronist Gottfried Heer, «*glaubte Baumann schon am 26. März seine ‹Jungfernrede› halten zu müssen*».[79] Er nahm an drei Sessionen teil, in jeder äusserte er sich, so zum Alkoholmonopol und zur Einführung eines Bundesanwalts, der er nur unter Bedenken zustimmte. Auch die weiteren Themen des Jahres 1889 interessierten ihn sicher. In der ersten Session ging es unter anderem darum, die bewaffnete Intervention des Bundes im Tessin zu genehmigen, wo es immer wieder zu gewalttätigen Auseinandersetzungen zwischen Konservativen und Liberalen kam. Es ging um soziale Fragen – Schuldbetreibungs- und Konkursgesetz, Gesetzgebung zur Unfall- und Krankenversicherung, wo Baumann sich in die Kommission wählen liess –, um die Ausweitung der Volksrechte, wozu verschiedene Forderungen vorlagen wie die Einführung der Volksinitiative, die dann 1891 beschlossen wurde, und die Volkswahl des Bundesrates, die nicht eingeführt wurde; und schliesslich ging es um nationale Fragen wie die Einführung einer Feier zur Gründung der Eidgenossenschaft, die dann am 1. August 1891 erstmals durchgeführt wurde, und die Errichtung eines Landesmuseums. Es war die Debatte um Letzteres am 11. Dezember 1889, in welcher es zu einem aufsehenerregenden Auftritt Baumanns kam, der seinen Absturz vor grossem Publikum besiegelte. Zwar gab es schon vorher Anzeichen von Überreizung oder Überarbeitung. Der «Oberthurgauer» meldete im November, Baumann habe im Grossen Rat drei Motionen eingereicht, die er sofort behandelt haben wollte, wofür er jedoch nur drei Stimmen erhalten habe. Dr. Fritschi spricht von einer «confusen Rede» im Grossen Rat im November.

Der bereits erwähnte Gottfried Heer beschreibt gut zwanzig Jahre später Baumanns Auftritt im Ständerat am 10. und 11. Dezember, sicher aufgrund von Augenzeugen: In langer, weitausholender Rede habe Baumann seine Ansicht über das Verhältnis von Religion und Politik erläutert. Das war an sich nicht abwegig, denn der konfessionelle Gegensatz spielte in der Frage eines Landesmuseums insofern eine Rolle, als katholisch-konservative Kantone die Errichtung eines nationalen Museums als Bundeseingriff in ihre kulturelle Hoheit zunächst ablehnten. Aber: «Er tat das in so seltsamer Weise und kam dabei so weit vom Beratungsgegenstand ab, dass verschiedene Ratsmitglieder den Vorsitzenden [...] ersuchten, er möchte mit Rücksicht auf den offenbar gestörten Geisteszustand des Redners demselben das Wort entziehen. Dazu konnte sich aber [dieser] lange nicht entschliessen, so peinlich ihm die Sache war. [...] Als Baumann seine Rede bereits über die gewohnte Zeit der Sitzungen ausgedehnt hatte und zu aller Entsetzen sich anschickte, ‹zum zweiten Teil› seiner Rede überzugehen, benützte der Präsident eine kleine Pause des Redners», um ihm den Abbruch und die morgige Wiederaufnahme schmackhaft zu machen. Wenn er aber gehofft habe, «dass sein Kollege über Nacht ruhiger werde und vielleicht gar durch seine Freunde sich bestimmen lasse, auf Fortsetzung seiner Rede zu verzichten, sollte er sich getäuscht sehen». Baumann redete am nächsten Tag nochmals zwei Stunden:

«In bunter Mischung sprach er wieder über die verschiedensten höchsten und tiefsten Fragen, oft hochbegeistert, hinreissend, so dass einzelne zu Tränen gerührt wurden (Haberstich, Aargau, hatte von den ‹Scherben› geredet, die man im Landesmuseum sammeln wolle; das griff Baumann auf, um in ergreifenden Worten von der Hinfälligkeit alles Irdischen, auch des Schönsten und Herrlichsten, zu reden), dann aber kam plötzlich wieder eine ganz triviale Bemerkung, die den Redner von seiner Wolkenhöhe auf die Erde herunterstürzen liess und durch die er den Eindruck des Vorausgegangenen wieder gänzlich auslöschte. So hatte er in feinen und fesselnden Worten über die Hoheit des Amtes eines evangelischen Geistlichen geredet, dass kein Dekan oder Antistes es schöner hätte sagen können, um dann plötzlich diese Erörterungen mit den Worten abzuschliessen: ‹Und doch haben auch sie einen Fehler, einen grossen Fehler: sie heiraten zu jung und haben zu viele Kinder!›

Während seiner Rede hatten auch die Mitglieder des Nationalrates zu einem guten Teil sich in den Ständeratssaal hinüber begeben, um dem Feuerwerk der Baumannschen Rede beizuwohnen; Tribüne und Gänge waren dicht wie sonst nie besetzt. Der Spott über einzelne triviale Bemerkungen verwandelte sich mehr und mehr in Erbarmen mit dem entgleisten Redner, dessen Geistesstörung für alle immer deutlicher zutage trat.»

Die tragikomische Szene, die sowohl Baumanns rhetorische Fähigkeiten nochmals ins Licht rückte wie durch ihre Skurrilität offensichtlich grosses Aufsehen erregte, führte dazu, dass Baumann am übernächsten Tag nach Hause begleitet und ein paar Tage später in die Heil- und Pflegeanstalt St. Pirminsberg eingeliefert wurde.

Wie wurde so etwas in der Presse dargestellt? Unterschiedlich, je nach Haltung und aktueller Stellung zum Betroffenen. Die ihm nahestehende «Schweizerische Bodensee-Zeitung» referierte neutral: «Baumann spricht in nahezu zweistündiger Rede von der Erhöhung der nationalen Kunst in Verbindung mit der religiösen und sozialen Frage, wobei er in ausführlichster Weise zugleich sein religiöses und soziales Bekenntnis ablegt. Er ist schliesslich in diesem Sinne für Eintreten.»[80] Die «Thurgauer Zeitung» fasste den Inhalt der Rede zusammen und fügte hinzu: «Baumann sprach, in confuser Weise weit vom Thema abschweifend, volle zwei Stunden und empfahl am Schlusse Eintreten in die Vorlage.»[81] Im «Thurgauer Tagblatt», dem Sprachrohr der Demokraten, hingegen zog ein Korrespondent aus dem Oberthurgau scharfe Consequenzen: «Man muss gestehen, dass dieses Referat geeignet ist, die Wähler des Herrn Baumann in peinlicher Weise zu überraschen. Um so konfuses Zeug vorzutragen, hatte man Herrn Baumann doch nicht nach Bern gesandt, und man hatte sich seine parlamentarische Thätigkeit doch wesentlich anders vorgestellt.» Der Artikel schloss mit der abschätzigen Bemerkung, «dass man Hr. Baumann lieber auf seiner Scholle in Neukirch als im Ständerathssaale zu Bern gewusst hätte». Das «Tagblatt» zeigte sich durchaus nicht überrascht, dass nun ein solcher Auftritt auch in Bern vorgefallen sei wie schon mehrere Male im Grossen Rat, wo auch das Blatt selbst schon Ziel gehässiger Ausfälle von Baumann geworden sei, weil es anderer Meinung war.[82]

Während also einige Korrespondenten von einer konfusen, andere gar von einer «verrückten» Rede sprachen, sah die katholische «Ostschweiz» aus St. Gallen in solcher Qualifikation nichts als Vorurteil und Verleumdung. Sie druckte auf der Titelseite unter dem Titel «Die ‹verrückte Rede› im Ständerath» den angeblichen Text der Rede ab – angesichts der Umstände wohl eine Zusammenfassung – rückübersetzt aus dem Französischen der Freiburger «Liberté», ebenfalls ein katholisches Blatt. Die Leser würden dann «vielleicht mit uns finden, dass aus der Rede des Herrn Baumann weniger Verrücktheit als das Ringen eines edlen, Wahrheit suchenden Geistes, der Kampf einer kräftigen Mannesseele liegt». In der Rede war vor allem von konfessioneller Versöhnung die Rede: «Die Lösung der heutigen Weltkonflikte liegt in der Einigung der religiösen und sozialen Ansichten und Überzeugungen. [...] Der Einigkeit voraus geht die Beseitigung konfessioneller Streitigkeiten.» Baumann lobte den französischen katholischen Klerus und kritisierte die protestantischen Pfarrer Deutschlands. «Ich bekenne, dass ich mich ganz weder mit dem katholischen noch mit dem protestantischen Glauben in allem befreunden kann, glaube, dass man beiderseits zu viel Werth auf theologische Formen legt, aber die andere Überzeugung habe ich auch, dass eine Lösung des dunklen Problems der Beziehung zwischen Gott und den Menschen, dass die Beseitigung der grossen Konflikte der Menschheit nur in den grossen Prinzipien der christlichen Lehre liegt.» Unter diesem Gesichtspunkt sei er für ein Nationalmuseum. «So diese Rede!», schloss die «Ostschweiz», «Es ist viel in ihr, was nicht zum Nationalmuseum gehört und der Aufbau ist rhetorisch nicht ganz stylgerecht, aber eine verrückte Rede – nun – das war sie nicht.»[83]

Während das positive Echo in der katholischen Presse offensichtlich durch die konfessionell versöhnliche Haltung Baumanns bestimmt war, brachte die «Bodensee-Zeitung» ein paar Tage später die Sicht der Freunde Baumanns zum Ausdruck: «Zu der Rede des Herrn Baumann im Ständerath machen mehrere Blätter Bemerkungen, welche das Gebot einfachsten Anstandes ihnen hätte verbieten sollen. Ihre Referenten wissen, dass Herr Baumann sich überarbeitet hat und nervös aufgeregt war. Aus dem Umstande nun politisches Kapital zu schlagen, kann nur die Art von Leuten sein, deren Gesinnung eine unanständige ist, schreibt sehr wahr die ‹Züricher Post›.» Und das Romanshorner Blatt fügte hinzu: «Die neuste Meldung des ‹Thg. Tages-Anzeigers›, dass die Krankheit des Herrn Ständerath Baumann rapide Fortschritte mache, können wir glücklicherweise widerrufen.» Allerdings sei er in «Folge geistiger Überarbeitung schwer angegriffen», aber Ärzte hofften auf baldige Genesung.[84] Diese Hoffnung sollte sich als unberechtigt erweisen.

Ein neues Parteiensystem zeichnet sich ab

Was bleibt von Baumanns kurzer politischer Karriere? Und lohnt es sich überhaupt, sich mit dem bissig und gehässig geführten Wahlkampf zu beschäftigen? Zunächst scheint die aufsehenerregende Ständeratswahl Baumanns als Sternschnuppe, die kurz Hoffnungen bei den einen, bei den anderen Befürchtungen weckte, aber ohne Wirkung verpuffte. Als es im Herbst 1889 zu einer Nachwahl eines Nationalratssitzes kam, wurde der freisinnige Kandidat mit rund 10 000 Stimmen problemlos gewählt, während ein katholischer und ein bäuerlicher Kandidat mit je gut 4000 Stimmen keine Chance hatten. Der Winterthurer «Landbote» schrieb: «Der Wahlsieg des Herrn Ständerath Baumann scheint unbenutzt geblieben zu sein; nach gewonnener Schlacht zerstreute sich das Heer, jeder in seine Hütte.»[85]

Doch dieser Eindruck täuscht. Bald zeigte sich, dass Baumanns Wahl ein Anzeichen für eine sich neu bildende Parteienlandschaft war: Parteien bildeten sich, die «freisinnige Grossfamilie» (Erich Gruner) löste sich auf, neue Allianzen zeichneten sich ab. Die 1890er-Jahre veränderten die politische Landschaft der Schweiz, und der Thurgau als typisch freisinniger Kanton mit katholischer Minderheit spielte hier durchaus eine Rolle. Dabei muss man sich vor Augen halten, dass es politische Parteien im modernen Sinn bis dahin gar nicht gab. Zwar wurde der Ausdruck gebraucht, aber er bezeichnete vielmehr politische Richtungen, die sich vor allem über die Einstellung zur Staatsorganisation definierten. Im Bundesparlament gab es seit 1878 eine freisinnige Fraktion (die sich radikal-demokratisch nannte), seit 1882 auch eine katholisch-konservative. In den Kantonen und auf Gemeindeebene gab es politische Vereine, auch Sänger- oder Schützenvereine äusserten sich manchmal politisch ebenso wie berufliche Verbände wie etwa der Landwirtschaftliche Verein. Bei Wahlen äusserten sich die verschiedensten Vereinigungen, dabei gab es mehr oder weniger formelle Allianzen. Als erste nationale Partei wurde 1888 die Sozialdemokratische Partei gegründet, sie bestand aber lange Zeit mehr auf dem Papier; so war die dominierende Freisinnig-demokratische Partei die erste Richtung, die sich 1894 als eigentliche Partei formierte, bald darauf gefolgt von der Katholischen beziehungsweise Konservativen Volkspartei.

Was für die Schweiz als Ganzes zutrifft, gilt auch und besonders für den Thurgau: Der Freisinn, Schöpfer und Ausgestalter des Schweizer Bundesstaats, der im letzten Viertel des 19. Jahrhunderts den Charakter einer Regierungspartei besass, ohne dass eine Parteiorganisation im modernen Sinn schon bestand, verlor in dieser Zeit seine Alleinherrschaft, blieb aber dominierende Kraft. Im fünfköpfigen Regierungsrat des Thurgaus besetzte er 1869–1895, seit es die Volkswahl gab, alle Sitze, 1895 kam ein Katholisch-Konservativer dazu, 1905 ein Demokrat. Wie verlief dieser Prozess? Das illustriert die Wahl Baumanns ganz gut.

Freisinn war damals ein Sammelname, unter dem vieles Platz hatte. «Der Freisinn ist damals einem Strom zu vergleichen, der bald in einem einzigen, bald in mehreren Betten fliesst», schreibt der Parteienforscher Erich Gruner, der auch den Begriff der «freisinnigen Grossfamilie» geprägt hat.[86] Und in der Tat: Gerade auf dem linken Flügel nannte man sich selbst freisinnig (meist «wahrhaft freisinnig») und wurde auch von aussen noch freisinnig genannt, wenn man Positionen vertrat, die von anderen auch als sozialistisch bezeichnet werden konnten. Der rechte Flügel – die Liberalen –, die Mitte – auch Radikaldemokraten genannt – und der linke Flügel – mancherorts noch als Radikale bezeichnet, andernorts als Demokraten – verfochten zwar durchaus unterscheidbare Postulate, konnten sich aber lange Zeit auf Wesentliches immer wieder einigen, so zum letzten Mal auf die Verfassungsrevision von 1874. Der schweizerische Volksverein von 1873 vereinigte nochmals als wirkliche Volkspartei «alle sozialen Schichten, alle Konfessionen, alle Sprachen und alle Regionen»,[87] der Verein freisinniger Katholiken hatte darin ebenso Platz wie der Grütliverein. Der Austritt des Letzteren 1878 – weil der Volksverein das Fabrikgesetz im Vorjahr zu wenig unterstützt habe – markierte einen Wendepunkt und machte erste Zweifel am volksumspannenden Charakter des Freisinns deutlich. 1878 – wir erinnern uns – trat Baumann erstmals als Gegenkandidat gegen einen amtierenden freisinnigen Ständerat auf.

Im selben Jahr hielt beispielsweise Kantonsrat Michel aus dem Egnach im Volkswirtschaftlichen Verein des Bezirks Arbon einen Vortrag über Sozialismus, in welchem er ausführte, «dass der Sozialismus so alt wie die Cultur» sei, und zum Urteil kam: «Der Sozialismus hat in vielen seiner Bestrebungen volle Berechtigung, in vielen macht er überspannte und ungerechte Forderungen; er ist also theilweise zu unterstützen, theilweise zu bekämpfen.»[88] Die Ideologien waren noch im Fluss. So warb ebenfalls im Jahr 1878 der Grütliverein Frauenfeld, der seit zwanzig Jahren bestand, im freisinnigen Leitblatt «Thurgauer Zeitung» um neue Mitglieder. Schliesslich verfolgte er seine Ziele «auf der Grundlage der freisinnigen Demokratie». Allerdings kämpften, wie schon erwähnt, im Grütliverein zunehmend eine sozialistische, internationalistische Richtung mit der sozialreformerischen, national orientierten. Erst 1892 wurde die erwähnte Formulierung im Zweckparagrafen ersetzt durch «auf der Grundlage der Sozialdemokratie». Solange aber die Sozialdemokratische Partei eine Partei war, «die fast nur dem Namen nach existierte»,[89] blieb der Grütliverein, wenn auch zunehmend herausgefordert von den aufsteigenden Gewerkschaften, die wichtigste Organisation auf der Linken. Noch 1890 konnte der St. Galler Präsident des schweizerischen Grütlivereins Heinrich Scherrer, auch ein Mitbegründer der sankt-gallischen Demokratischen und Arbeiterpartei, am eidgenössischen Grütlifest erklären, «der soziale Staat der Zukunft, der Staat der politischen und sozialen Freiheit, Gerechtigkeit und Brüderlichkeit» sei das Ziel, und man erreiche dieses «durch eine allmähliche Umgestaltung des gegenwärtigen Staates, auf dem Wege der Reform» – die Debatte um Reform oder Revolution sei ein «leerer Wortstreit».[90]

Auf der anderen Seite wurden von freisinniger Seite durchaus Anstrengungen unternommen, die Arbeiterschaft bei der Stange zu halten. So erschien im Arboner Lokalblatt 1880 ein Aufruf zum Abonnement einer «Schweiz. Arbeiterzeitung» (welche der sozialdemokratischen «Tagwacht» Paroli bieten sollte): «Dieselbe ist ein freisinniges Parteiblatt, welches die Interessen der Arbeiter vertheidigt und schützt.» «Schliesst die Reihen!», lautete die Parole und: «Seien wir vor allem Schweizer wieder!»[91]

Die Ostschweiz – die Kantone Thurgau und St. Gallen, etwas später Glarus und Appenzell-Ausserrhoden sowie nach dem Ersten Weltkrieg Graubünden – war der Schauplatz, wo sich der linke Flügel des Freisinns zehn Jahre später in der Form demokratischer Parteien verselbständigte, wobei «demokratisch» nun nicht mehr wie in den 1860er-Jahren in erster Linie direktdemokratische Verfahren (gegen repräsentative Demokratie) meinte, sondern durch inhaltliche, stark sozialpolitische Akzente definiert wurde. In St. Gallen war eine solche Partei 1888 gegründet worden – sie nannte sich «Demokratische und Arbeiterpartei»; im Thurgau war die Parteigründung für 1890 vorgesehen, Baumanns Erkrankung war wohl dafür verantwortlich, dass sie erst 1891 erfolgte. In der Bundesversammlung konstituierte sich dann 1896 eine eigene Fraktion unter dem Namen «äusserste Linke», später «sozialpolitische Fraktion» genannt, der bis zur Bildung der SP-Fraktion 1911 auch sozialdemokratische Parlamentarier angehörten. Die Gründung dieser Parteien basiert, so Erich Gruner, auf der damals durchaus begreiflichen Hoffnung, der schweizerische Sozialismus lasse ich, ähnlich wie in Grossbritannien, in einen nationalen Rahmen einordnen. «Hier findet also die Ideologie von der klassenversöhnenden Wirkung der extrem ausgebauten direkten Demokratie ihre letzte Vollendung.»[92]

Diese Ansicht wurde von prominenten Ostschweizern verfochten. In erster Linie ist hier Theodor Curti zu nennen – «ein Mann von höchster Begabung, glänzender Parlamentarier, wirkungsvoller Volksredner, gewandter Schriftsteller auf politischem Gebiet», wie ihn die liberal-konservativen «Basler Nachrichten» im Nachruf nannten.[93] Der Freigeist Curti hatte sich von der Kirche losgesagt und sah früh die Unfruchtbarkeit des Kulturkampfs ein; er trat deshalb für echte religiöse Toleranz ein. «Der Kulturkampf hat ausgespielt. [...] Das neue Sozialprogramm bedeutet eine neue Milchsuppe von Kappel. [...] Denn nun können alle, die gleiche soziale Ziele verfolgen, unbeschadet ihrer religiösen Überzeugung zusammenarbeiten.»[94] In ausgebauten Volksrechten – Referendum, Initiative, Proporzwahlrecht und Volkswahl des Bundesrates – sah er die «Regierungsform des 20. Jahrhunderts», weil nur eine solch ausgebaute Demokratie eine Sozialreform verwirklichen könne, die er sich ähnlich wie den Grütliverein vorstellte, und dadurch erst zur wahren Demokratie werden könne, an der alle teilnehmen könnten, wenn sie nicht mehr durch zu grosse soziale Unterschiede und Abhängigkeiten eingeschränkt sei.

Der Inspirator der erwähnten Linksfraktion in den eidgenössischen Räten wusste diese Ziele mit dem für die Linke charakteristischen visionären Pathos zu vertreten. So schloss er kurz nach der Jahrhundertwende seine «Geschichte der Schweiz im XIX. Jahrhundert» mit folgenden Worten:

«Wäre es nicht rühmlich, wenn die Schweiz die zuverlässige Methode für die sozialen Lösungen fände, – wenn sie durch die Kraft ihrer politischen Freiheit den drohenden Blitz einer sozialen Revolution in ein friedfertiges Herdfeuer zu verwandeln möchte?

Die Wehrkraft geachteter, – die Neutralität gesicherter, – die Selbstverwaltung der Gemeinde, diese Elementarschule aller Demokratie, unter milder Aufsicht des Staates die freieste, – der öffentliche Unterricht das Gemeingut aller Bevölkerungsklassen, – ein Volks- und Kulturleben, das keinem nachsteht, – ein Gemeinwesen, in dem es noch Arme und Verschuldete, aber kein eigentliches Proletariat gibt, – die Freistatt der Verbannten, – der Sitz internationaler Ämter, welche die Keime eines künftigen Weltrechts hegen, – politische Rechte und soziale Institutionen, die Vorbilder für andere Völker werden können: das ist die Summe des Jahrhunderts.

Und so mag die Schweiz – mit jenem Worte Bonstettens an Johannes v. Müller zu sprechen – von der Alpenhöhe ihrer Ideen herab auf alle kommenden Zeiten und Jahrhunderte schauen, und die Schweizergeschichte sei die Geschichte selber des menschlichen Geschlechts!»[95]

Diese Ansichten dürften sich, nach allem was wir wissen, gänzlich mit denen Ulrich Baumanns gedeckt haben. Er berief sich mehrmals auf Curti und auf dessen Freund, den Zürcher Professor und Nationalrat Salomon Voegelin, den Baumann immer seinen hochverehrten Lehrer nannte – vermutlich hatte er an der Universität Zürich Vorlesungen bei ihm besucht; die Beziehung verweist auch auf den Einfluss der demokratischen Bewegung der 1860er-Jahre auf die neuen Demokraten der 1880er-Jahre, war Voegelin doch einer der Repräsentanten der Zürcher 1860er-Bewegung. Auch in der politischen Taktik war Curti Ulrich Baumann vorangegangen. Als die St. Galler Liberalen bei den Nationalratswahlen 1881 sich weigerten, den vom Grütliverein und den Linksfreisinnigen Portierten auf ihre Liste zu nehmen, paktierte er mit den Katholisch-Konservativen und wurde gewählt. «Diese Wahl erregte allgemeines Aufsehen. Man bezichtigte Curti des Verrats an der freisinnigen Sache, erklärte ihn als Ultramontanen und nannte ihn ‹Streber›.»[96] Ganz ähnlich tönte es bekanntlich später bei Baumann im Thurgau.

Noch enger dürfte Baumann mit Joseph Anton Scherrer-Füllemann, dem Führer der St. Galler Demokraten, verbunden gewesen sein. Ein paar Jahre älter als Baumann und aus dem Hinterthurgau stammend, hatte dieser als junger Anwalt im thurgauischen Sulgen eine Anwaltspraxis eröffnet und sogleich eine rege politische Tätigkeit entfaltet.

«Der von den demokratischen Idealen Thomas Bornhausers erfüllte junge Advokat, der schon früh ‹etwas über andere hinausragen› wollte, stiess indessen bei den damals führenden Politikern auf Ablehnung, was ihn 1886 zum Umzug nach St. Gallen bewog.»[97] Dort stieg er rasch auf, gründete die Demokratische und Arbeiterpartei und brachte im Bündnis mit den Konservativen das im Wesentlichen auf ihn zurückgehende Revisionsprogramm für die Kantonsverfassung von 1890 durch. 1890 wurde er in den Nationalrat gewählt, wo er bis 1922 eine wichtige Rolle spielte, zuletzt als Förderer der internationalen Friedensbewegung.

Demokratie und Sozialreform, Überwindung des Kulturkampfs und religiöse Toleranz, nationale Selbstbehauptung gegen monarchische Machtpolitik – in allen diesen Hauptthemen der Ostschweizer Demokraten erkannte sich Baumann wieder, den konfessionellen Frieden hatte er 1887 als eines seiner Hauptanliegen genannt. Dasselbe gilt für das Vertrauen ins einfache Volk. «In dieser Frage», sagte er in Bezug auf die Spitzelaffäre in seinem Jahresrückblick 1888, «bewährte es sich, woran ich immer festgehalten habe. Nicht in den oberen Tausend und Zehntausend, in der Masse des täglich um seine Existenz ringenden Volkes ruht die Kraft und die Stärke der Demokratie, d. h. unserer freiheitlich republikanischen Staatseinrichtungen.»

Es waren also in erster Linie ideologische, auf sozialen Veränderungen basierende Gründe, die im Thurgau zur Neugründung einer demokratischen Partei führten. Das «Thurgauer Tagblatt» verstand sich als Sprachrohr der «Grütlivereine, Arbeiter, Handwerker und Kleinbauern».[98] Der traditionelle Gegensatz «Stadt» Frauenfeld gegen «Land» beziehungsweise «Provinz» mag zusätzlich eine gewisse Rolle gespielt haben.[99] Das Hauptgewicht des Parteiprogramms von 1891 lag auf sozialpolitischen Forderungen und auf Forderungen nach mehr Demokratie – nach Beteiligung der Minderheiten am politischen Entscheidungsprozess, auf Bundesebene auch mehr Zentralismus, um die Sozialpolitik voranzubringen.[100] Der Erfolg der Partei im Thurgau hing in der Folgezeit stark von einzelnen Persönlichkeiten ab, und meist gelang er dann, wenn die Allianz mit den Katholisch-Konservativen wieder spielte. Mit Baumanns Mitkandidaten von 1889, Josef Anton Koch, eroberte die «Partei» kurz vor ihrer Gründung 1890 einen Nationalratssitz, den nach dessen Tod 1898 der Pfarrer und promovierte Nationalökonom Emil Hofmann verteidigte; er sollte ab 1905 auch als Regierungsrat für mehr als zwanzig Jahre eine wichtige Rolle im Kanton spielen. 1908 gelang es den Demokraten mit Adolf Deucher, Sohn eines Bundesrats, ein zweites Mal einen Ständeratssitz zu erobern – er konnte sein Amt nicht viel länger als Ulrich Baumann ausüben; nach wenig mehr als einem Jahr verstarb er.

So blieb Emil Hofmann die allein prägende Figur der Partei. Daran, dass die Partei schliesslich in den Auseinandersetzungen des 20. Jahrhunderts zwischen links und rechts zerrieben wurde, konnte er allerdings nichts ändern.

Auffällig an der Argumentation der Demokraten war, dass sie sich vom Beginn ihres Auftretens an immer wieder gegen das «System» richteten – von der «Tyrannei des Systems u. der Thurgauerzeitung» hatte Scherrer-Füllemann im Glückwunschtelegramm an Baumann gesprochen. Das demokratische «Thurgauer Tagblatt» sprach vom «abgewirthschafteten, verknöcherten und innerlich durch und durch faulen thurgauischen Altliberalismus mit der Führerin Thurg. Ztg.» und später im Rückblick auf die Wahl von 1889: «Zum ersten Mal hatte die thurgauische Demokratie über das liberale System glänzend gesiegt, dank des treuen Zusammenhaltens der Minderheitsparteien.»[101]

Was war denn dieses System? Letztlich ging es um die Hegemonialstellung des Freisinns, die sich – Ironie der Geschichte – durch die demokratische Volkswahl von Stände- und Regierungsräten seit 1869 verschärft hatte. Als noch der Grosse Rat Wahlgremium gewesen war, hatte es mehr freiwillige Zugeständnisse gegeben. 1848 hatte der Grosse Rat den reformierten und den katholischen Konservativen die zwei Ständeratssitze als Kompensation dafür gegeben, dass sie bei den Nationalratswahlen leer ausgegangen waren; dem katholisch-konservativen Ständerat gelang dann bei späteren Wahlen der Wechsel in den Nationalrat. Davon war in den 1870er- und 1880er-Jahren nicht mehr die Rede. Und die «Thurgauer Zeitung» verteidigte diese freisinnige Hegemonie kompromisslos. Trotz ihres Siegs und der Niederlage Baumanns bei den Nationalratswahlen zwinge sie «das Gebahren der sog. Opposition und zumal des Kandidaten derselben», nochmals auf die Wahlen zurückzukommen, erklärte sie 1887 und verurteilte die bereitwillige Unterstützung einzelner Oppositioneller und «Streber» durch die ultramontane Presse. Hämisch gegen die Opposition beschwor sie den Stolz der freisinnigen «Partei», «auch diesen Anlauf gegen ihre Einheit und Geschlossenheit glänzend abgeschlagen zu haben».[102] Eigentlich sollte es gar keine Parteien geben, denn solche waren gemäss freisinniger Anschauung Ausdruck von Partikularinteressen, während der Freisinn das ganze Volk vertrat. So hiess es ebenfalls in der «Thurgauer Zeitung» im Wahlkampf 1889 gegen Baumann: «Thurgauer, ihr braucht einen Mann, der für alle, nicht nur für eine Partei eintritt. Was nützt uns ein sog. Arbeiterfreund, der, fortwährend hemmend gegen die Industriellen wirkend, das Gedeihen der Industrie hindert?»[103] Links und rechts vom herrschenden Freisinn gab es für die «Thurgauer Zeitung» nichts Akzeptables: So sei Baumann bei den Grütlianern verortet, «welche

73

allmälig in eine schweizerische sozialdemokratische Partei ausarten», und verbündet mit Ultramontanen, die nach der Meinung vieler Freisinniger sowieso zu sehr mit Glacéhandschuhen angefasst würden.[104]

Das Problem dieser Thurgauer Wahlen sei nicht das System, von dem dauernd geredet werde, analysierte aus der Ferne die «Neue Zürcher Zeitung», sondern die Systemlosigkeit, die zu einer «fatalen Zersplitterung» der liberalen Kandidaten im ersten Wahlgang geführt habe. «Die Allmacht der Thurgauer Zeitung ist in Wirklichkeit eine Fabel», deren Einfluss gründe nur auf der hohen journalistischen Qualität und der klaren politischen Linie, einem Liberalismus, «der nicht gewaltthätig und noch weniger phantastisch ist». Für Fantastereien sei der Thurgauer, «der unter den eidgenössischen Volksstämmen wohl der allerbesonnenste und nüchternste ist», nicht zugänglich.[105]

Nach der überraschenden Wahl Baumanns sah sich dieselbe «Neue Zürcher Zeitung» allerdings zur impliziten Kritik des Thurgauer Freisinns veranlasst: «Verstehen sie den Wink vom letzten Sonntag, so werden die Leiter der liberalen Partei vor allem mit den Ausschliesslichkeiten brechen und sich offen zur Minderheitsvertretung endlich verstehen.»[106] Es war offensichtlich, dass erst die Allianz der linken und der rechten Opposition den Erfolg gebracht hatte.

Vor allem Letztere, die Katholisch-Konservativen, hatte ein nüchternes Verhältnis zu Allianzen. «Unser Platz in Wahlfragen [...] ist also neben den ‹Demokraten›»,[107] war 1889 die unwidersprochene Parole. Natürlich gab es auch inhaltliche Gemeinsamkeiten, zum einen im Ausbau der demokratischen Rechte. «Der Liberalismus ist ein alter Baum, er hat nicht mehr die Kraft, neue Früchte zu zeitigen; er hat seine Zeit überlebt. [...] An seiner Stelle aber steht bereits gepflanzt der frische Baum der politischen und sozialen Demokratie, unter dessen Schatten alle Konfessionen Raum haben.»[108] Die gleiche Allianz habe auch das Fabrikgesetz 1877 durchgebracht. Damit wurde auch auf die zweite Gemeinsamkeit angespielt, die Sozialpolitik. Die berühmte päpstliche Enzyklika «Rerum novarum», die 1891 die katholische Soziallehre begründete, war zwar noch nicht erschienen. Führende Katholisch-Konservative wie der Bündner Caspar Decurtins vertraten aber schon in den 1880er-Jahren dezidiert soziale Positionen. So begründete Decurtins das Zusammengehen katholischer Vereine mit linken Organisationen im sogenannten zweiten Arbeiterbund 1887: «Was kann uns daran hindern? Etwa die Nichtübereinstimmung in konfessionellen Dingen? Keineswegs. Ich bin ultramontan durch und durch, doch in sozialen Dingen, in allen Brotfragen, da stehe ich zu euch. Und mit mir die katholischen Arbeiter. [...] Denn der Hunger ist weder katholisch noch protestantisch. Darum, wer mithilft in solchen Fragen, der sei willkommen, ob er im übrigen zum Evangelium Bakunins oder Lassalles oder zur katholischen Lehre sich bekenne.»[109]

Die gleiche Sichtweise lag nach der Meinung der Romanshorner «Bodensee-Zeitung» dem Wahlsieg Baumanns zugrunde. «Für Leumann stimmten im zweiten Wahlgang die Dorfmagnaten und die reichen Leute, für Baumann die Arbeiter, die Landwirthe und die sogen. untere Volksklasse»,[110] so zitierte sie einen Beobachter nach dem zweiten Wahlgang und fügte nach dem dritten Wahlgang in einer der damals in den Zeitungen seltenen Wahlanalysen hinzu, es sei weniger um Personen gegangen als um «Verfechter zweier Prinzipien oder vielmehr zweier Anschauungsweisen desselben Prinzips, wobei diejenige nun die Oberhand behalten, welche den Standpunkt vertrat, die höchsten Aufgaben, welche auf dem Gebiete der Politik ihrer Lösung harren, beruhen nicht im Kulturkampf und in der Verehrung des deutschen Kanzlers, sondern in der Heilighaltung der demokratischen Institutionen und in der gemeinschaftlichen Arbeit Aller auf dem Gebiete volkswirthschaftlicher Reformen».[111]

Diese Allianz war freilich nicht gefestigt, und sobald ein Jahr später bei den Erneuerungswahlen in die eidgenössischen Räte der Freisinn dem Rat der «Neuen Zürcher Zeitung» folgte und die Katholisch-Konservativen mit einem Zugeständnis lockte, war es damit vorbei. «Die thurgauischen Wahlen in den Nationalrat haben diesmal auch für eidgen. Kreise einiges Interesse» schrieb die «Neue Zürcher Zeitung» nun, «handelt es sich dabei doch um die höchst wichtige Frage, ob die proportionale Vertretung der Minderheiten, welche sich seit den neuesten Tessiner Wirren als ebenso dringend wie nöthig herausstellt, auch bei dieser Gelegenheit in richtiger Weise gelöst werden solle oder nicht. [...] Wir theilen von unserm liberalen Standpunkte aus die bestimmte Erwartung der katholisch-konservativen Partei, es werde die herrschende liberale Partei nächsten Sonntag bereit sein, der Forderung der Vertretung der Minoritäten, welche sie in Bezug auf andere Kantone und speziell auf den Tessin aufstellt, auch im eigenen Kanton gerecht zu werden; sie wird sich dadurch selbst ehren und dem ganzen Vaterland ein schönes Vorbild zur Pazifikation der politischen Parteien geben.»[112] Zugeständnisse sollten also der rechten, nicht aber der linken Opposition gemacht werden. «Die Liberalen fühlen sich nicht mehr stark genug, ihre Liste allein, ohne Bundesgenossen durchzubringen, daher strecken sie den Ultramontanen die Hand zum Bündnis hin», kommentierte das demokratische «Tagblatt».[113]

Das war ein Jahr vorher bei der erwähnten Nachwahl Ende 1889 noch nicht der Fall gewesen. Damals hatte sich die «Thurgauer Zeitung» noch gegen Konzessionen an die Katholisch-Konservativen ausgesprochen – diese Minderheit müsse zuerst der Mehrheitspartei entgegenkommen und die Allianz mit der «sozialdemokratischen Partei» aufgeben. Denn – so zitierte sie zustimmend eine Zuschrift der «Appenzeller Zeitung»: «Es ist ja Niemand im Zweifel darüber, dass die sogenannte ‹alleindemokratische› Partei des Kantons St. Gallen wie des Thurgaus im wahren Grunde sozialdemokratisch oder, noch richtiger gesagt, sozialistisch ist und dass nur eine gewisse Scheu, eine politische Schlangenklugheit, sie abhält, sich den bei einem Theil des Volkes heute noch anstössigen Namen sozialistisch beizulegen.»[114]

Der Grütliverein und die Demokraten schätzten 1890 angesichts des Ausfalls von Baumann die Lage so ein, dass beim Ständerat nichts zu machen sei, und sie opponierten der Wahl des neuerlich vorgeschlagenen Leumann nicht, dessen sozialpolitische Positionen nun plötzlich als durchaus akzeptabel erklärt wurden. Quasi als Ersatz für Baumann wollten sie aber den Frauenfelder Joseph Anton Koch – im folgenden Jahr dann Gründungspräsident der demokratischen Partei des Kantons – in den Nationalrat bringen. «Der Kernpunkt der ganzen Wahlangelegenheit liegt für uns in der Wahl des demokratischen Kandidaten in den Nationalrath. Herrn Baumann, den nach erbittertem Wahlkampf gewählten Vertreter der thurgauischen Demokratie im Ständerathe, hält ein tragisches Geschick ans Krankenzimmer gefesselt und mit grossem Bedauern wird man von seiner Wiederwahl Umgang nehmen müssen.»[115] Indem sie mit Koch einen Katholiken aufstellten, hofften sie die Allianz mit den Katholisch-Konservativen zu wiederholen. Diese beharrten jedoch auf einem eigenen Kandidaten, zumal freisinnige Versammlungen die Wahl eines Katholisch-Konservativen zusicherten, falls diese Leumann in den Ständerat wählten. «Man wird uns [...] nicht verübeln wollen, wenn auch uns das Hemd näher ist als der Rock»,[116] erklärte die katholische Wochenzeitung. Das demokratische «Tagblatt» hingegen empörte sich und sah darin den Beweis, «dass der Pfaffensack nie voll wird und dass dessen Begehrlichkeit mit dem Grad des Entgegenkommens wächst».[117] Man sah sich nun auf der Linken isoliert und höhnte über die «Thurgauer Zeitung», die im Jahr vorher gegen Baumann polemisiert hatte, in seinem Anhang wehe «das schwarze Banner der Partei, deren Führer als obersten Grundsatz den Gehorsam gegen kirchliche Befehle anerkennen und denselben jederzeit das Opfer des eigenen Verstandes zu bringen bereit sind» – jetzt paktiere dieselbe «Thurgauer Zeitung» mit den denselben Ultramontanen.[118]

Das Wahlergebnis entsprach noch einmal nicht den Erwartungen, das Wahlvolk folgte den Parteistrategen (noch) nicht: Der Demokrat Koch schlug den Kandidaten der Katholisch-Konservativen deutlich mit 9400 gegen 8300 Stimmen. Aber die Linie der kommenden Allianzen war vorgezeichnet und wurde 1891 auf nationaler Ebene durch die Wahl des ersten Katholisch-Konservativen in den Bundesrat sichtbar, 1895 folgte der erste konservative Thurgauer Regierungsrat. Die Zeit der freisinnigen Alleinherrschaft war abgelaufen. Als Folge gesellschaftlicher Veränderungen begann sich das Parteiensystem auszudifferenzieren, auf der Linken bildeten sich neue Kräfte. Und nach einigem Hin und Her entschied sich der Freisinn, darauf mit einer Allianz mit den konservativen Verlierern von 1848 zu reagieren. Nicht veränderte Wahlergebnisse erzeugten Druck für eine Veränderung – die Kräfteverhältnisse in den eidgenössischen Räten waren in diesen Jahren recht stabil. Der Druck ging von einer Veränderung im politischen System aus, den durch die Verfassung von 1874 neu eingeführten Referenden. Immer wieder gelang es der konservativen Opposition seither, Gesetzesänderungen von Bundesrat und Parlament zu Fall zu bringen. Die stärkste Opposition, also die Katholisch-Konservativen, in den freisinnigen Staat zu integrieren, wurde zu einer Notwendigkeit. Dazu passte die neue Symbolik: die Feier des 1. Augusts 1291 als Gründungsdatum der schweizerischen Nation, die katholisch-konservative Innerschweiz als Wiege der Schweiz. Ausgerechnet in der letzten Session Baumanns im Ständerat hatte der Bundesrat die Botschaft «betr. Veranstaltung einer nationalen Säkularfeier zur Gründung der Eidgenossenschaft (1. Aug. 1291)» eingebracht. Die Konstellation, welche die erste Hälfte des 20. Jahrhunderts prägen sollte, zeichnete sich ab: ein beherrschender «Bürgerblock», gebildet aus Freisinnig-Liberalen, Katholisch-Konservativen und den sich allmählich verselbständigenden Bauern, gegen die aufstrebende sozialdemokratische Minderheit – die Linksdemokraten vom Typ Baumanns wurden zwischen diesen Fronten allmählich zerrieben; im Thurgau hielten sie sich immerhin bis in die 1930er-Jahre.

Die aufsehenerregende Wahl von Baumann war eine Episode. Sie leitete nicht eine Neuausrichtung der Politik ein, wie er und seine Anhänger sich erhofft hatten. Womöglich trug sie im Gegenteil dazu bei, den Gegnern die Notwendigkeit einer freisinnig-konservativen Allianz nahezulegen, welche die Gräben des 19. Jahrhunderts überwand und die in den folgenden Jahrzehnten die Schweiz und auch den Thurgau prägen sollte. Der europaweite Trend von der liberalen Elitedemokratie zur modernen Massendemokratie fand damit seine ganz besondere schweizerische Ausprägung.

Hätte Baumann das Zeug gehabt, zu einer prägenden Figur zu werden? Zweifel sind angebracht, es ist aber fast unmöglich, ein realistisches Bild seiner Persönlichkeit zu gewinnen. Zwar war er offensichtlich in der Lage, seine Anhänger zu begeistern; seinen katholisch-konservativen Verbündeten galt er als «gewandter Redner, was von Leumann niemand sagt».[119] Aber ebenso provozierte er scharfe Ablehnung. So monierte die «Thurgauer Zeitung», die selbstverständlich Partei war, im Wahlkampf sein «wiederholtes, ganz und gar verunglücktes Auftreten im Rathssaale». Es zeige, «dass Herr Baumann die Ideen, die ihn gerade beschäftigen, nicht zu beherrschen vermag; sie gehen mit ihm durch».[120] Und Gottfried Heer urteilte zwanzig Jahre später, sich aber wohl auf ähnliche Zeugen stützend: «Hatten schon seine Reden im Grossen Rat Anzeichen von Selbstüberschätzung an sich getragen, so steigerten die Aufregung eines sechswöchigen Wahlkampfes wie der so glänzende Schlusserfolg diese Selbstüberhebung, die schliesslich zur Katastrophe führte.»[121] Überschätzte Ulrich Baumann sich und wurde er überschätzt? Oder warf seine Erkrankung Schatten voraus? Immerhin gehört Selbstüberschätzung zu den Symptomen der bald diagnostizierten Krankheit. Wir können es nicht wissen, aber wir kennen seine gut dokumentierte Krankengeschichte, die geeignet ist, einige weitere Lichter auf seine Persönlichkeit zu werfen, wenn auch im Zerrspiegel der Verwirrung.

Das Verhängnis

Von den letzten fünfzehn Jahren seines Lebens hat Ulrich Baumann gut die Hälfte in Irrenhäusern verbracht, dazwischen lebte er ein aktives, weiterhin engagiertes Leben. Ironischerweise sind die acht Jahre in psychiatrischen Kliniken die bestdokumentierten seines Lebens. Die Akten zeigen uns das deprimierende Leben in einer solchen Anstalt um die Jahrhundertwende, aber sie enthalten auch interessante Hinweise auf Baumanns Leben überhaupt und auf seine Persönlichkeit.

St. Pirminsberg

Nicht alle besonderen Spitäler für psychisch Kranke, die im 19. Jahrhundert von den bestehenden Klinken abgespalten oder neu errichtet wurden, nannten sich Irrenanstalten. Die Klinik St. Pirminsberg im St. Galler Rheintal war 1847 in einem ehemaligen Kloster eingerichtet worden, und man zog die Bezeichnung «Heil- und Pflegeanstalt» anderen Bezeichnungen wie «Narren- und Tollhaus» oder «Irrenanstalt» vor, weil der Zweck ja «Heilung und Verpflegung von Geisteskranken» sei.[122] In der Praxis war jedoch kein Unterschied zu andern Anstalten festzustellen. Die Wärter, anfangs gänzlich ungeschult, später etwas unterrichtet vom Direktor, wurden von einem Oberwärter geleitet. «Zuviel Kaserne, Arbeitshaus und zu wenig Spital», urteilte ein Inspektionsbericht 1860.[123]

Ob das unter dem neuen Direktor Ernst Laufer, der ab 1889 als Chefarzt die Anstalt leitete, immer noch so war, wissen wir nicht. Immerhin war Laufer zehn Jahre Assistenzarzt am Burghölzli gewesen, der renommiertesten Anstalt der Schweiz, und hatte als rechte Hand von Auguste Forel, der seinen Abgang bedauerte, sicher die neusten Erkenntnisse der Psychiatrie mitbekommen; er führte bald auch in St. Pirminsberg einen Assistenzarzt ein, sodass er nicht mehr ganz allein für die fachliche Betreuung zuständig war. Er wird in der Festschrift als vorzüglicher Irrenarzt und als liebenswürdiger und bescheidener Mensch beschrieben. Aber die Anstalt, die 1890 mit 324 Patienten ein Drittel mehr als seinerzeit geplant beherbergte, galt als überfüllt. Bodenbetten in allen Korridoren und Aufenthaltsräumen verstopften die unruhigen Abteilungen – keine ländliche Idylle, eine Anstalt eben.

Nachdem Freunde Ulrich Baumann von Bern nach Hause gebracht hatten, setzte sein Hausarzt Dr. Fritschi durch, ihn in St. Pirminsberg einliefern zu lassen. Im Fragebogen, den er mitgab oder nachlieferte (jedenfalls wurde er in Arbon unterzeichnet) und aus dem wir schon oft zitiert haben, macht er über die Umstände und seine Diagnose ausführliche Angaben. Danach kostete es ihn grosse Anstrengung, um die widerstrebenden Angehörigen von der Einlieferung zu überzeugen; er entschuldigte sich beim Anstaltsarzt für die Belästigungen durch Depeschen, mit denen jener offenbar eingedeckt wurde: «B-Angehörige & seine politischen Freunde haben ganz den Kopf verloren, thaten alles Dumme & Unverständige & ich hatte 3 Tage gebraucht, um es durchzusetzen, dass B in eine Anstalt gebracht werden müsse.»[124]

Man vermutete, wohl nicht zuletzt aufgrund von Äusserungen Ulrich Baumanns, eine Intrige der politischen Gegner. Die Umstände lassen solche Mutmassungen als ganz unbegründet erscheinen, auch wenn sie vom nicht besonders wohlwollenden Fritschi geschildert sind, der in seinem ausführlich ausgefüllten Fragebogen unbekümmert politische Wertungen und medizinische Fakten durcheinandermischt. So antwortet er auf die Frage «Wann wurden die ersten Spuren geistiger Störung beobachtet?» unter anderem: «Vor zehn Jahren Abnahme des Gehörs & ungleiche Pupillen, in den letzten Jahren hat B. nur sozialistische Schriften gelesen: Proudhon, Malthus & seine Anhänger, Bebel.»

Fritschis Schilderung der letzten Zeit vor der Einlieferung ist aber anschaulich: «In neuster Zeit studirte er Schriften über Hypnotismus & thierischen Magnetismus, über den präservativen Geschlechtsverkehr, es kam dann die confuse Rede im Nov. in der thurg. Grossrathssitzung & die noch confusere im Ständerathe. B. hat in letzter Zeit fast nie geschlafen, hielt in Vereinen Reden auf Reden über religiöse, politische, volkswirtschaftliche, militärische & soziale Fragen, endlich hatte er es gefunden, er werde die Menschheit erlösen & dann wie Christus am Kreuze sterben. Ich warnte ihn vor einem Jahr, im Octob. dieses Jahres wieder, es nützte alles nichts, seine politischen Freunde hielten ihn für überanstrengt, für nervös. Am 13. Dez. nach der Rückkehr aus Bern wollte er in seinem Hause zum Fenster hinausspringen, hielt eine religiöse Rede auf die Strasse hinaus & betheuerte 100 Mal, dass er an Gott glaube. Hält sich für hypnotisirt & elektrisirt, sucht den Herrgoth, Heiland etc.»

Auch die zweite Darstellung der Zeit vor der Einweisung am Beginn des Journals der Anstalt – von unbekannter, offenbar auch ärztlicher Herkunft – spricht von zunehmender Aufregung und Verfolgungsideen: Seit einem Jahr «anlässlich der Wahlumtriebe bei seiner Candidatur als Ständerath entschieden gereizter, sprach damals schon von den Freimaurern die ihn verfolgten, und äusserte diese Idee [...] bis zum heutigen Tage. Die meisten seiner politischen Gegner sind thatkräftig Freimaurer.»

Im vergangenen Oktober habe er eine Erkältung und Mandelentzündung gehabt, habe grosse Ideen geäussert wie die, eine Anstalt zur Heranbildung schweizerischer Staatsmänner im demokratischen Verein zu errichten, und habe dazu Land ankaufen wollen, «fing an, vor sich zu sprechen & zu laufen». Ähnlich schilderte sein Vetter Notar Baumann, der ihn 1898 in Münsterlingen einlieferte, im Rückblick den Dezember 1889. Er hebt die «colossale» Aufregung hervor, räumt aber auch ein: «Allerdings habe er eine sehr strenge Arbeitsperiode gehabt.»[125]

Die Diagnose lieferte Dr. Fritschi ausführlich mit – für ihn handelte es sich um progressive Paralyse, die Spätfolge der Syphilis. Allerdings leistete er mit seinen Angaben zu Verwandten der auch später vorgebrachten Vererbungsthese Vorschub: Die Grosseltern, heisst es zunächst, «starben hochbetagt an Altersschwäche», der 81 Jahre alte Vater sei «jetzt noch gesund & sonst nie krank». Aber die Mutter habe «an Melancholie gelitten & ist an Altersblödsinn gestorben» – eine seltsame Bezeichnung, starb sie doch mit 35 Jahren, gemäss Notar Baumann «in einem Anfall von mit Typhus complizirter Geisteskrankheit». Ulrich Baumanns Schwester war laut Fritschi «vor 6 Jahren 6 Monate lang wegen Geistesstörung in Münsterlingen», Notar Baumann bestätigt das später; Ulrichs Bruder, der den Hof des Vaters führte, war gemäss Fritschi «ernst, still, menschenscheu, bekommt hie & da Anfälle von Bangigkeit & Athembeschwerden und liegt dann 10–12–15 Stunden im freien bis der Anfall vorbei ist». Notar Baumann lässt zu ihm «im Typhus geisteskrank» vermerken.

Es waren diese Ausführungen, die noch 1936 den Direktor der Heilanstalt Münsterlingen bewogen, die Vererbung als Ursache für Baumanns Krankheit zu bezeichnen. Als ein junger Lehrer, der eine Enkelin Baumanns heiraten wollte, sich besorgt bei ihm erkundigte, ob es Bedenken gegen eine solche Ehe gebe, antwortete er nach Konsultation der Akten der besorgten Mutter, die sich einschaltete: «Dass Ihr Vater sich vor Jahren syphilitisch infiziert hatte, war den Aerzten bekannt. Seine Geisteskrankheit war aber nicht die Folge dieser Infektion, sondern es haben bei ihrer Auslösung andere Faktoren mitgespielt, allemnach eine von jeher bei ihm vorhandene Anlage, die durch erbliche Belastung bedingt war. Ich kann Ihnen also leider keinen günstigen Bericht geben.»[126] Die Mutter der jungen Frau hatte inzwischen durch ihre älteste Schwester von der ihr bisher verschwiegenen Syphilis erfahren und der Schwiegersohn war nach Konsultation von Spezialisten beruhigt und liess sich von dieser vielleicht zeitgeistbedingten Aktendiagnose nicht von der Heirat abhalten – zu Recht.

Dass Baumann an einer erblichen Geisteskrankheit litt, ist im Licht der weiteren Familiengeschichte wie der Krankenakte höchst unwahrscheinlich. Die Krankenakte dokumentiert deutlich die Symptome einer progressiven Paralyse – die Vermutung, dass diese aber durch familiäre Dispositionen zum Ausbruch gelangen könne, liess sich gemäss dem Lehrbuch von Bleuler (1979) nicht bestätigen.[127] Natürlich erinnert man sich auch an Baumanns Kränklichkeit in der Jugend, aber nach dem achtzehnten Lebensjahr war davon nie mehr die Rede. Und seine offenbar etwas exzentrischen Auftritte in den späteren 1880er-Jahren dürften, wenn überhaupt, Vorboten der progressiven Paralyse gewesen sein. Dass die Anstrengungen des Wahljahrs 1889 zum Ausbruch beigetragen haben, ist indessen durchaus möglich. So heisst es im Standardwerk von Richard Krafft-Ebing, dem führenden Psychiater der damaligen Zeit: «Das Auftreten solcher Gehirnerkrankungen wird begünstigt dadurch, dass das Gehirn durch Belastung, Ueberanstrengung, Excesse aller Art geschwächt war.»[128] Es konnte aber auch einfach der typische Zeitpunkt sein: Am häufigsten trat die progressive Paralyse zwölf bis sechzehn Jahre nach der syphilitischen Infektion auf, meist im Alter von 35–45 Jahren; beides traf auf Ulrich Baumann zu. Auch Krafft-Ebing betonte, dass der Nachweis der Syphilis nicht die syphilitische Natur des Gehirnleidens verbürge, sodass die Diagnose «immer nur eine Wahrscheinlichkeitsdiagnose» sein könne – alle uns bekannten Tatsachen laufen darauf hinaus, dass die Syphilis diese hoffnungsvolle Karriere zerstört hat. Die körperlichen und geistigen Symptome bis hin zum Sektionsbefund nach dem Tod sind – wie die weitere Analyse der Krankenakte zeigen wird – so charakteristisch, dass es daran keinen Zweifel geben kann.

Fritschis Diagnose war ja schon eindeutig, wenn auch moralisierende Bemerkungen manchmal ein bisschen penetrant wirken, zumal sie im Licht der späteren Entwicklung übertrieben scheinen. Fritschi schreibt: «Vor 15 Jahren nach der Offiziersbildungsschule in Thun hat Baumann in Bern einen Schanker sich zugezogen»; Schanker nannte man das primäre Symptom der Syphilis, ein kleines Geschwür. Ort und Zeit dürften zutreffen, auch wenn seine Frau ihrer ältesten Tochter die Studentenzeit in München, also zwei Jahre früher, als Ort und Zeit der Ansteckung genannt hatte; der Grund dürfte darin liegen, dass das vor ihrem Verhältnis gewesen wäre – ob Ulrich Baumann die Notlüge gegenüber seiner Frau erfunden hat oder diese gegenüber ihrer Tochter, wissen wir nicht. Fritschi stellt Baumann als stark sexuell bestimmt dar; er unterstreicht im Fragebogen die vorgedruckten Stichwörter «sexuelles Unglück überhaupt» und bemerkt: «war früh geschlechtlich entwickelt & später immer sexuell sehr erregt». Ob er sich hier auf die gemeinsame Schulzeit bezieht und was er damit andeuten wollte, ist nicht klar.

Zum Fortgang der Krankheit 1874 fährt er fort: «[...] er liess sich dann in der Privatanstalt von Dr Seiz in St. Gallen kuriren, nachher consultirte er mich wegen Verheirathung, ich rieth, 10 Jahre zu warten & alle 2 Jahre eine milde antisyphilitische Kur zu gebrauchen. Nach einem halben Jahr verheirathete er sich doch, die Frau wurde syphilitisch, bekam 2 Frühgeburten, das erste Kind ist jetzt 7 Jahre alt [richtig: 10], [...] ist schwächlich, [...] die übrigen 4 Kinder sind mehr od. weniger crofulöse [sic], gedunsene Menschen, das jüngste ist 5 Wochen alt. Die Frau ist zur Zeit gesund; bei Baumann besteht z. Z. ein syphilitisches Exanthem.» Der letztgenannte Hautausschlag ist charakteristisch für das zweite Stadium der Syphilis. So präzis die einen Angaben von Fritschi, so fragwürdig die andern. Dass sein Rat nicht befolgt wurde, scheint sein negatives Urteil über die Gesundheit der Kinder zu prägen. Ob die Frau wirklich syphilitisch wurde und deshalb Frühgeburten hatte, ist fraglich – die Zahl von drei Früh- und Totgeburten auf acht ist für damalige Verhältnisse keineswegs aussergewöhnlich. Überdies wurde sie bei guter Gesundheit achtzig Jahre alt. Dasselbe gilt für alle fünf angeblich schwächlichen Kinder; das Foto, das ein paar Jahre später aufgenommen wurde (siehe S. 117), zeigt sie alle kerngesund, und alle starben in mehr oder weniger hohem Alter eines natürlichen Todes.

Dr. Fritschi vertrat die damals neue Lehre von der Vererbung von Syphilis: Der Pariser Professor Jean Alfred Fournier, der bedeutendste Venerologe seiner Zeit, verfocht sie und forderte in den 1880er-Jahren vier bis fünf Jahre Wartezeit nach der Heilung, um eine Schädigung der Kinder zu verhindern.[129] Und Henrik Ibsen hatte, ohne die Krankheit beim Namen zu nennen, die Vererbung der Syphilis 1884 in seinem Skandalstück «Gespenster» thematisiert und die Sünden des Vaters für das Unheil des Sohnes verantwortlich gemacht. Vererbung war überhaupt bei den Psychiatern der Zeit hoch im Kurs als Krankheitsursache. So hatte der Direktor der Heil- und Pflegeanstalt St. Pirminsberg, der kurz vor Baumanns Einlieferung verstorben war, geschrieben: «Das Studium und die Erforschung derjenigen Gehirnkrankheiten, welche wir unter dem Begriffe der Geistesstörung zusammenzufassen pflegen, sowie das Studium der Nervenkrankheiten und ihrer Ursachen überhaupt hat uns in überzeugender Weise gelehrt, dass die geistige Konstitution des Menschen – sein Gefühl- und Denkvermögen, geistige Gesundheit oder Veranlagung zu Geistesstörung – in innigstem Abhängigkeitsverhältnis steht zur geistigen Konstitution seiner Erzeuger, seiner Vorfahren überhaupt.»[130] Ob sein Nachfolger dieser Ansicht auch anhing, ist nicht überliefert.

«Vor 10 Jahren», fährt Fritschi fort, «consultirte er mich wegen Ungleichheit der Pupillen. [...] Ich ahnte sein Schicksal, verordnete Schmierkur, streng diätetische Massregeln & verbot alles Studieren & gebot körperliche Arbeit.» Er fasste seine Diagnose als «Syphilis invet. [also späte, alte Syphilis], Melancholie mit Willensaufregung, Paralysis progress.»

zusammen und fügte hinzu: «Hr. Director! Es ist ein trauriges, aber bekanntes Krankheitsbild, das ich Ihnen vorgeführt habe. Ich war 15 Jahre Hausarzt in der Familie B, alle meine Warnungen haben nichts genützt.»

Auch wenn der zweite Eintrag am Anfang des Krankheitsjournals – möglicherweise von der Hand des Direktors, aber auf welcher Informationsbasis? – nur «Syphilis wahrscheinlich» festhält, Fritschis Diagnose erscheint in jeder Hinsicht schlüssig. Er spricht von einem bekannten Krankheitsbild, und in der Tat war die zweite Hälfte des 19. Jahrhunderts die Zeit, in der es wohl am häufigsten auftrat. Zwar kannte man die Syphilis in Europa seit Kolumbus' Rückkehr aus Amerika. Aber erst Ende des 18. Jahrhunderts wurde das Phänomen der progressiven Paralyse (fortschreitende Lähmung, im Volksmund «Hirnerweichung») beschrieben, und erst 1857 konnte diese auf die Syphilis zurückgeführt werden, nachdem die Krankheit bis dahin als Folge exzessiver sexueller Ausschweifungen gesehen worden war. Offenbar griff die Krankheit vermehrt auf das Zentralnervensystem über und löste entweder Rückenmarkschwund aus, wie bei Heinrich Heine, der dadurch für Jahre in die «Matratzengruft» geworfen wurde, oder eben «Gehirnerweichung» aus. «Die progressive Paralyse [...] ist eine chronische Entzündung [...] mit folgendem Hirnschwund, der im psychischen Bereich mit intellektuellem Abbau, Veränderung der Persönlichkeit und zunehmender Demenz einhergeht. Der Ausbruch des Leidens erfolgt so schleichend und allmählich, dass man seiner oft erst gewahr wird, wenn der Unglückliche schliesslich ganz absurde Handlung begeht. Meist zeigen sich die ersten Erscheinungen in einem raschen Stimmungswechsel.»[131]

Die progressive Paralyse wurde zur «Krankheit des Jahrhunderts», an der am Ende des 19. Jahrhunderts etwa ein Fünftel der Anstaltspatienten in Heil- und Pflegeanstalten litten und starben – in grossstädtischen Kliniken war es die häufigste Krankheit unter den Männern. Der berühmteste unter vielen berühmten, Friedrich Nietzsche, war im Jahr vor Ulrich Baumann, 1888 eingeliefert worden, nachdem er in Turin einem Pferd um den Hals gefallen war. In dem für die Krankheit typischen Grössen- und Verfolgungswahn unterzeichnete er Briefe als «Nietzsche Caesar» oder «der Gekreuzigte»; so lautete denn die zeitgenössische Diagnose auf progressive Paralyse; heute wird das von der Forschung teilweise angezweifelt. Seine Anhänger wie auch seine Schwester wollten freilich schon damals nichts von einer syphilitischen Ansteckung wissen – sie erklärten ihn für schizophren; die schuldlos-schicksalhafte Krankheit Hölderlins schien ihnen angemessener für das Genie.[132] Denn an Syphilis erkrankt zu sein war eine Schande, zumal die Ansteckung eng mit der Prostitution verbunden wurde; die Krankheit galt in weiten Kreisen auch immer noch als «wohlverdiente göttliche Strafe an den Körperteilen, mit denen man gesündigt hat».[133]

Kein Wunder, dass Baumanns Anhänger und seine Familie die geistige Überanstrengung als Krankheitsursache betonten – er selbst scheint zumindest gegenüber Freunden weniger Hemmungen gehabt zu haben und machte sich also auch selbst keine Illusionen. Noch im Dezember 1889 meldete sich ein Berner Landarzt beim Anstaltsdirektor und stellte sich als Freund vor, den Baumann anlässlich der Session vor drei Wochen noch besucht habe; er habe mit ihm über seine gedrückte Stimmung gesprochen. Baumann habe sich von einer «spezifischen Erkrankung» vor fünfzehn Jahren vollständig geheilt geglaubt und sei nun durch «spezifische Hautaffektionen» in neue Besorgnisse gestürzt worden. «Er fragte mich damals wiederholt, ob nicht spätere Krankheitserscheinungen ihm bei der Ausübung seiner öffentlichen Beamtungen absolut im Wege stehen dürften, ob nicht jedermann seine Krankheit leicht erkennen vermöchte und dergleichen andere Fragen, welche ich ihm allerdings negierte. Er sprach auch davon, dass er sich wegen dieser Krankheit entschliessen müsse, von Plänen für die Zukunft Umgang zu nehmen.»[134] Nicht nur mit dem ärztlichen Freund, auch gegenüber einem befreundeten Pfarrer, der ihn 1891 in St. Pirminsberg besuchte, sprach Baumann gemäss einem Brief dieses Pfarrers an den Anstaltsdirektor offen über das Thema, das damals ein Tabuthema war und heute, was die langfristigen Folgen betrifft, verschwunden ist. Denn nach ersten Heilerfolgen durch Medikamente und durch die Ansteckung mit anderen Krankheiten (Malariakuren) zu Beginn des 20. Jahrhunderts vermochte das Penicillin ab den 1940er-Jahren die Syphilis zu heilen und damit schliesslich auch die progressive Paralyse zum Verschwinden zu bringen. Daran war 1889 und bis zum Tod von Ulrich Baumann nicht zu denken. Die Behandlungen – oder nach unseren heutigen Vorstellungen Torturen –, denen er in den Anstalten ausgesetzt war und die in den Krankengeschichten dokumentiert sind, entsprachen dem, was man damals in solchen Fällen machte.

Ein Zettel in der Krankenakte dokumentiert, was man aufgrund der weiteren Akte bezweifeln muss: den freiwilligen Eintritt in die Anstalt. Jedenfalls schrieb jemand anders von Hand:

«St. Pirminsberg d. 17. Dec. 89
Der Unterzeichnete erklärt hiedurch seinen freiwilligen Eintritt in hiesige Anstalt.»

Darunter die Unterschrift «Ullr. Baumann» in seiner (oder der seinen nachgemachter) Handschrift.

Krankenakten als Quellen

Bevor wir den Verlauf des Klinikaufenthalts anhand der Notizen im Journal betrachten, sind ein paar Überlegungen zur Auswertung solcher Krankenakten notwendig. Dass die Vorgeschichte, vor allem wo sie den Lebenslauf einbezieht, unterschiedlich, auch mit sachlich sich widersprechenden Abweichungen erzählt wird, je nachdem, wer berichtet, haben wir bereits festgestellt. Der Hausarzt Dr. Fritschi in seinem Fragebogen, die Notizen am Beginn des Journals (womöglich vom Chefarzt, aber mit Informationen einer weiteren, unbekannten Person, die manche Sachen genau zu wissen scheint, andere wie zum Beispiel den Studienverlauf falsch darstellt) und schliesslich Notar Baumann, der bei der späteren Einlieferung in Münsterlingen Auskunft gibt, stimmen nicht immer überein. Bei den fortlaufenden ärztlichen Notizen während des Aufenthalts in St. Pirminsberg haben wir es mit andern Problemen zu tun.

Zunächst ist der beiläufige und häufig elliptisch abgekürzte Charakter der Notizen ein Hindernis für das Verständnis. «In ihrer Beiläufigkeit sind die Dokumente einer Krankengeschichte Äusserungen in einem Gespräch sehr ähnlich, dessen Publikum unbekannt ist und das in der Lage ist, Hinweise zu verstehen, weil es bereits weiss, worüber vermutlich geredet wird.»[135] Die Notizen, die als Gedächtnisstütze dienen und sich an den nächsten behandelnden Arzt richten, vermerken deshalb nur das Besondere. «Daraus folgt, dass das Übliche, das Normale, die Gepflogenheiten nicht nur dem Autor (der in der Regel nicht darüber nachdenkt), sondern auch dem Leser bekannt sein müssen.»[136] Müssten, denn detailliert bekannt sind uns die Gepflogenheiten in den psychiatrischen Anstalten dieser Zeit nicht, schon gar nicht die überall gepflegten lokalen Besonderheiten. So war es allgemein üblich, dass bis etwa 1930 die Wärter nicht mit den Patienten sprechen durften; aber ob das mit Sicherheit auch auf St. Pirminsberg zutraf, wissen wir nicht. Was ebenfalls nicht in der Krankengeschichte steht, ist die übliche Behandlung. Sie lässt sich aus Hinweisen in den Notizen und anderswo beschriebener Verfahren bestenfalls annähernd erschliessen. Und schliesslich kann auch die teilweise sprichwörtliche Unleserlichkeit ärztlicher Handschriften ein Problem darstellen, das nicht zu unterschätzen ist. Die Krankenakten enthalten freilich neben den ärztlichen Notizen im Journal auch Briefe vom und an den Patienten, die uns zusätzliche direkte Informationen liefern.

Am zweiten Tag beginnen die fortlaufenden Notizen im Journal der Krankenakte, zuerst ausführlich, dann nur noch in grossen Abständen – am Ende mussten anderthalb grosse Seiten für anderthalb Jahre genügen. Das verwundert nicht angesichts der oben erwähnten rund 300 Patienten, die von einem Chefarzt und einem Assistenten be-

Abb. 18: Heil- und Pflegeanstalt St. Pirminsberg im St. Galler Rheintal, um 1895. Als man Mitte des 19. Jahrhunderts begann, spezielle Kliniken für psychisch Kranke zu errichten, tat man das nicht selten in ehemaligen Klostergebäuden. Während man mancherorts von «Narren- und Tollhäusern» sprach, wurde in der Schweiz der Begriff «Irrenhaus» verwendet oder aber, wie in St. Pirminsberg, die neutralere Bezeichnung «Heil- und Pflegeanstalt». Die 1847 eröffnete Anstalt war schön gelegen in voralpiner Gegend, die Behandlungsmethoden waren aber, wie die Krankenakte von Ulrich Baumann zeigt, alles andere als angenehm. Das lag nicht an den Personen – der Direktor scheint ein wissenschaftlich interessierter Mann gewesen zu sein, der sich durchaus um seine Patienten kümmerte; jedenfalls bezeichnete Baumann ihn im Nachhinein als Freund. Es lag daran, dass die junge Wissenschaft der Psychiatrie vielen Phänomenen psychischer Krankheit offensichtlich hilflos gegenüberstand.

treut werden mussten. Die beiden ersten Einträge sind ausführlich, dann werden sie knapper. Nach dem vierten Ende Dezember dauert es bereits drei Wochen bis zum nächsten, der Abstand vom sechsten zum siebten beträgt bereits zwei Monate. Von September 1890 bis Januar 1891 gibt es keinen einzigen. Es ist nicht erstaunlich, dass eine moderne Psychiatriegeschichte angesichts der damals überall in Europa überfüllten Anstalten, des verbreiteten Ärztemangels und der schlechten Bezahlung des

Personals die damalige Behandlung hauptsächlich als «kustodiale Verwahrungspsychiatrie» charakterisiert.[137]

Am Tag nach der Einlieferung lautet der Eintrag: «War bei der Aufnahme in sehr fideler Stimmung, redselig, ideenflüchtig, voll grosser, aber nicht paralytisch unsinniger, mehr verwirrter Projekte. [...] weiss woher er kommt & wo er jetzt ist, hat aber kein Krankheitsbewusstsein, lässt sich aber nicht bestimmen freiwillig hier zu bleiben. Auf der Abteilung sehr unruhig, hält lange verwirrte Reden. Ins Bad gebracht declamiert er ideenflüchtig in einem fort bis heute. Heute etwas ruhiger, geordneter, aufmerksam, giebt über sein Vorleben Auskunft, ist aber uneinsichtig & sehr gehobener Stimmung. Abends aus dem Bad genommen ruhiger.»

Der offenbar manische Patient sollte möglichst beruhigt werden, das Mittel dazu war das «Bad». Beruhigung der psychiatrischen Patienten war das Hauptziel einer Anstalt, wie Direktor Wille von der eben eröffneten Basler psychiatrischen Anstalt 1878 vor dem schweizerischen Ärzteverein ausgeführt hatte: «Auch gegenüber unseren Kranken ist die Ruhe das erste Erforderniss.»[138] Denn die überreizten oder nach einer Überreizung ermüdeten Gehirne würden am besten im Bett behandelt – ohne empirische Begründung meinte man, körperliche Ruhe würde zu Gehirnruhe führen. Zwar war Wille nicht einverstanden mit der offenbar in Göttingen praktizierten Methode, Irre immer im Bett zu behandeln – es gehe schliesslich um eine andere Ruhe als körperliche, diese könne im Bett sogar mehr leiden als anderswo. Zur Beruhigung hielt er deshalb auch ein dosiertes Narkotikum (Morphium) oder die Einwicklung in Tücher, die in lauwarmes Wasser getaucht waren, für erfolgversprechend.

Bei dem hier erwähnten Bad dürfte es sich, da der Patient lange drin verweilt und man ihn daraus «nimmt», um das berüchtigte Deckelbad handeln, mittels dessen die Patienten stundenlang im Wasser gehalten werden konnten. Noch 1982 stellte eine Ärztin, die das Leben einer während sechzig Jahren internierten Frau untersuchte, mit Blick auf die Behandlungen – unter anderem tagelanges Dauerbad – fest: «Die ‹Therapie›-Versuche spiegeln die verzweifelte Ohnmacht der Betreuer.»[139] Ende der 1940er-Jahre kam es in St. Pirminsberg zum «Deckelbadskandal», über den der «Beobachter» und andere Zeitungen ausführlich berichteten und anhand dessen man einiges über diese Behandlungsmethode erfährt. Dem damaligen Direktor wurde vorgeworfen, Patienten durch tagelange Badetorturen zu disziplinieren. «Ein Deckelbad besteht aus einer Holzkiste», schrieb ein von einer dreitägigen «Deckeltherapie» Betroffener dem «Beobachter», «die mit einem Sarg grosse Ähnlichkeit hat, nur viel tiefer. Anstelle des Fensters beim Sarg ist bei der Kiste ein Loch, um den Kopf hinauszustrecken. Ausser dem Kopf ist der ganze Körper im Wasser, Tag und Nacht. [...] Wenn sie müde waren, hingen Deckelbäder-Patientinnen und -Patienten mit dem Kinn in der Halsöffnung fest.»[140] Solchen Torturen war Ulrich Baumann nicht ausgesetzt, aber er scheint doch lange ins Bad gesteckt worden zu sein; ob es sich dabei um ein lauwarmes Beruhigungsbad handelte oder um ein kaltes, das mehr der Disziplinierung diente, oder ein heisses, das die Beruhigung durch den Zusammenbruch des Kreislaufes erzwang – alle diese Praktiken gab es –, wissen wir nicht; am wahrscheinlichsten ist ein lauwarmes, das allmählich kalt wurde.

Die Wirkung jedenfalls war nicht beeindruckend. Am Folgetag lautet der Eintrag: «Schlief fast gar nicht. Schreit an einem fort in der Zelle, hält verwirrte Reden, macht allerlei Gesten. Ist aber aufmerksam, vermag vorgesprochene Sätze zu wiederholen.» An diesem Tag wurde auch sein körperlicher Status festgehalten: «Gut genährter, aber blasser Mann von jugendl. Aussehen. Starker Haarausfall.» Neben kleineren Auffälligkeiten wurde stärkeres Zittern festgestellt, aber «Sprache deutlich & gut artikuliert», und schliesslich: am ganzen Körper syphilitischer Hautausschlag.

Nach einer Woche heisst es: «Mit seltenen Ausnahmen Tag & Nacht in alter Weise maniakal, aufgeregt & verwirrt. Günstig ist seine Aufmerksamkeit, der Humor in seinen Reden & das gut erhaltene Gedächtnis. Ab & zu ein Tag lang Nahrungsverweigerung.» Nach zwei Wochen: «Etwas ruhiger, schläft hie & da mehrere Stunden & ist in seiner Aufregung etwas geordneter. Kennt einzelne Personen & frägt ob er immer noch in Pirminsberg sei. Isst regelmässiger. Beschäftigt sich in ideenflüchtiger Weise mit socialpolit. Dingen.»

Nach drei weiteren Wochen, es war mittlerweile das Jahr 1890 angebrochen, scheint es einen Rückschlag gegeben zu haben: «In alter Weise aufgeregt, so dass er sehr viel im Bad gehalten werden muss.» Was mag «sehr viel» heissen? Anderseits wird da von offenbar angeregten Gesprächen zwischen Arzt und Patient berichtet, aber auch von Halluzinationen des Patienten: «Doch ist er sehr aufmerksam in seinen Gesprächen, nicht sonderlich verwirrt, witzig, kann auch längere Zeit beim gleichen Thema gehalten werden, kommt auf frühere Gespräche zurück, wiederholt ganze Stücke derselben mit gutem Gedächtniss, sagt Gesprochenes nach & rechnet prompt, kennt die Umgebung etc. Dabei halluciniert er intensiver. Sieht die Ständerathssitzung vor sich, seine eigene Gestalt, Todtenschädel etc. Aus allen herumliegenden Dingen macht er illusionär etwas Besonderes. Von sich selbst wähnt er er sei in der Mitte des Gotthards, im Centrum der Erde, im Vierwaldstättersee, wenn er im Bad ist. Ab & zu Nahrungsverweigerung.»

Es folgte eine lange Phase der Stagnation, in welcher der Eintrag häufig «unverändert» lautet. Auffällig waren ab und zu «zornige Affekte», «zerstört» – was er zerstört, ist nicht klar (ein andermal ist vom Zerreissen der Kleider die Rede), «& schmiert hie & da», womit wohl das Verschmieren des Kots gemeint war. Im Juni hiess es: «Anhaltend laut; gereizt, aufgeregt & zu Gewaltthätigkeiten geneigt.» Was man sich unter den Gewalttätigkeiten vorstellen muss, wird nicht angedeutet. Im August jedenfalls gingen diese zurück: «Weniger gewalttätig aber immer gleich gehobener Stimmung, ohne allg. Einsicht. – Kann am Tag im Hof gehalten werden.» Einmal im September 1890 werden Besuche der Frau erwähnt, die aber keinen grossen Einfluss auf die Entwicklung zu haben schienen: «Wiederholte Besuche der Frau machen weder guten noch schlechten Eindruck. Pat. ist immer gleich, bald mehr, bald weniger aufgeregt, bald böse & aggressiv, bald nur malitiös, humoristisch gestimmt.»

Im September dann ein positiveres Bild: «Seit etwa 14 Tagen bedeutend ruhiger, [...] nicht mehr aggressiv. Man kann mit ihm sogar schon ganz ordentlich Gespräche führen, in denen er ordentlich richtig urtheilt. Die meiste Zeit treibt er allerdings sein altes man. Wesen, singt, deklamiert, macht allerlei Manöver, ist unordentlich in Kleidung und Haltung, wenn er auch nicht mehr viel zerreisst.» Darauf folgen vier Monate ohne Notizen, also wohl ohne Veränderungen. Erst im Januar 1891 die resignierte Feststellung: «Keine weiteren Fortschritte. Schmiert wieder viel.» Inzwischen hatte Mitte Dezember der Direktor einen Brief an die Frau Baumanns geschrieben, der nicht erhalten ist. Die Antwort von Mina Baumann hingegen liegt in der Krankenakte:

«Sehr geehrter Herr Direktor!
Ihren Brief v. 12. d. Mt. verdanke ich Ihnen freundlichst. Leider musste [ich] aus demselben entnehmen, dass mein l. Mann wieder aufgeregter ist, was mich sehr niederbeugte, auf die gehegte Hoffnung, bei meinem letzten Besuch. Zudem machen Sie mich aufmerksam auf eine Unterbringung andernorts, was mir sehr viel Mühe und dazu doppelten Kummer verursacht. Es thut mir unendlich leid, dass ich mir in meiner unglücklichen Lage nicht anders zu helfen weiss, als Sie, geehrten Herrn, noch einmal dringend zu ersuchen, meinen lieben Gatten bis auf weiteres, wenn immer möglich, unter Ihrer treuen Obhut zu belassen, erstens, befürchte ich, dass eine solche Veränderung nachtheilige Folgen haben und unsere bis anhin gehegten Hoffnungen begraben sein könnten, zweitens wo öffnet sich die richtige Thüre, für meinen unglücklichen Gatten und Vater, bis sich diejenige seines eigenen Heims für ihn öffnen darf und drittens finde ich, eine andere Unterbringung auch mit Rücksicht die gegenwärtige Jahreszeit für schwierig. Ich bitte Sie nun, geehrter Herr, nochmals Rüksicht zu nehmen, auf Ihre unglückliche, Ihnen dankbar ergebene
Frau M. Baumann»

Vermutlich hatte der Direktor und Chefarzt die Verlegung mit einer ungünstigen Prognose in Zusammenhang gebracht. Denn Anfang der 1890er-Jahre (die Daten werden unterschiedlich angegeben) wurde wegen Überfüllung von St. Pirminsberg in Wil ein Asyl für unheilbare Fälle eröffnet. Offenbar tat der Brief der Frau Wirkung, denn Baumann blieb in St. Pirminsberg, und bald schon begann er von Heimkehr zu reden. Am 10. Februar heisst es: «Hatte letzthin Besuch, that dabei wüst & verlangte heim. Seither verlangt Pat. alle Tage Entlassung unter Protesten gegen das Einsperren & mit der Behauptung er sei ganz gesund. Lässt man ihm Letzteres nicht gelten, so wird er grob bis zur Thätlichkeit. Im übrigen etwas geordneter, zerreisst weniger, scheint doch besser werden zu wollen.» Zwei Wochen später wird er «nach längerer Auseinandersetzung» in eine andere Abteilung verlegt. «Hat noch wenig Einsicht, ist aber ruhig.» Schon drei Tage später heisst es: «Hält sich gut, wird täglich einsichtiger.»

Inzwischen war er vom befreundeten Pfarrer Brüllmann besucht worden, der anschliessend an den Direktor schrieb, Baumann scheine sich in die Aussicht zu schicken, noch einen Monat in der Anstalt zu bleiben.[141] «Immerhin scheint ihn der Gedanke, seine gewohnte Arbeit wieder aufzunehmen, fast wie eine fixe Idee zu verfolgen.» Er habe ihn auch gebeten, sich bei ihm, dem Direktor, für eine frühere Entlassung einzusetzen. Des Weiteren teilt der Pfarrer mit, Baumann «scheint also vor ca. 15 Jahren in Bern venerisch angesteckt worden zu sein. Dies muss ihm nachträglich viel Gewissensqualen verursacht haben. Auch jetzt noch beschäftigt es ihn stark & nachdem mir schon seine Frau die Angelegenheit mitgeteilt, vertraute er sie mir am letzten Montag an.» Es gebe wieder Erscheinungen jener Krankheit. «Und nun mache ihm die ‹Schmierkur›, die Sie wieder mit ihm angefangen, grosse Sorgen; er wisse, dass er dadurch wieder vergiftet werde.» Pfarrer Brüllmann dankt dem Chefarzt für die Sorgfalt und Liebe, mit der er sich um den Patienten gekümmert habe.

Die zitierten Bemerkungen zeigen zum einen, dass sowohl Baumann wie seine Frau zu diesem Zeitpunkt offen über die Syphilis redeten; man hat allerdings den Eindruck, dass sie als körperliche Krankheit aufgefasst und nicht unbedingt mit der psychischen Krankheit verbunden wird. Die erwähnte Schmierkur kannte Baumann. Dr. Fritschi hatte sie schon verordnet. Zur Behandlung der Syphilis gehörte seit Jahrhunderten diese Kur mit Quecksilbersalbe. Schon Ulrich von Hutten hatte Anfang 16. Jahrhundert aus eigener Erfahrung geschrieben: «Diese Art der Behandlung war so grausam, dass viele es vorzogen, eher zu sterben, als auf diese Weise kuriert zu werden.»[142] Noch Ende 19. Jahrhundert gab es grausame Praktiken, von denen deutsche Ärzte behaupteten, damit progressive Paralytiker mittels «ableitenden Schmerzes» geheilt oder wesentlich verbessert zu haben: Ein Stück ausrasierte Kopfhaut wurde mehrmals täglich mit starker Quecksilbersalbe eingerieben, bis die Haut aufgerieben war und schliesslich die Schädelplatte, ja die Hirnhaut freilag.[143] Es ist nicht anzunehmen, dass bei Ulrich Baumann diese extensive Methode angewandt wurde. Krafft-Ebing jedenfalls schrieb in seinem Standardwerk: «Bei guter Ernährung hat selbst eine forcierte Schmierkur nichts Bedenkliches.»[144] Das scheint man auch Ulrich Baumann klargemacht zu haben, Mitte März 1891 heisst es im Journal: «Hat nun gute Einsicht, ist etwas gedrückt, lässt sich führen & leiten, macht eine Schmierkur, aber ungern, da er sich vor dem Quecksilber fürchtet.»

Unterdessen hatte Ulrich Baumann Anfang März einen Brief nach Hause an seine Frau geschrieben:[145] Seit zwei Tagen befinde er sich in einem oberen Stockwerk der Anstalt «in freundlicherer Umgebung und Behandlung als vorher, wo es mir jetzt eher möglich ist mich über meinen Aufenthaltsort zu orientieren u. meine Lage in Ruhe zu überdenken. So schwer mir der Rückblick wird in die vergangenen Tage und Nächte, seit wir getrennt sind – sehe ich doch getrost & mit frischem Muth der Zukunft entgegen. Ich fühle meine Kräfte körperlich wie geistig durchaus restauriert u. halte mich an das Wort: ‹Sieh vorwärts Werner, nicht hinter dich.›» Direktor Laufer habe ihm in Aussicht gestellt, ihn Ende nächster Woche zu entlassen. «Es ist mir natürlich daran gelegen mit seinem Einverständnis wegzukommen.» Ebenso ist ihm daran gelegen, sie wieder in besserer Stimmung zu sehen, nachdem ihn beim letzten Auseinandergehen der Zorn übermannt habe, weil er sich in seiner Erwartung und Hoffnung auf Heimkehr getäuscht sah. «Inzwischen empfangt meine herzlichen Grüsse und Segenswünsche. Gott sei mit euch allen! / Euer schwergeprüfter U. Baumann»

Der Brief ist schön und in regelmässiger Schrift geschrieben, enthält aber etliche Streichungen und scheint doch in einer gewissen Erregung verfasst, einer freudigen, aber auch einer ängstlichen, es könnte wieder nicht klappen. Jedenfalls fügt er am nächsten Morgen ein längeres PS hinzu: «Wieder eine Nacht vorbei.» Er spricht von «bangen Sorgen um das Wohl der Meinigen». «Mit jeder Stunde, die mir ungenutzt davon streicht, wächst die Sehnsucht nach Hause und nach der gewohnten Betätigung. Ich möchte dich und Bruder Johannes wie Vater Jacob etc. dringend bitten, so viel an euch liegt, auf meine baldige Rückkehr zu drängen. Wenn ich dir liebe Mina beim letzten Besuch in der Aufregung weh that, so ist es mir leid u. ich weiss dass du es mir verziehen hast, weil du über meine Gesinnung im Grunde des Herzens nicht im Zweifel sein kannst.»

Vier Tage später schrieb er einen weiteren langen Brief an Mina, in welchem er sich nochmals bei ihr und einem Freund für die harten Worte bei einem Besuch entschuldigte. «Es wurde mir eben nur schwer einzusehen, dass diese gewaltsame Herausreissung aus meinem Familienkreise & aus meiner Lebensstellung durchaus nothwendig war.» Ihrem Vorschlag, in den Bergen für eine Erholungszeit eine Wohnung zu mieten, kann er nichts abgewinnen; er bittet Verwandte und Freunde zu bedenken: «Was mich hier am meisten niederdrückt, ist eben gerade diese endlos dauernde Ruhe, der Mangel an geeigneter Beschäftigung, an Anreizung des Gemüths im Familienleben u. im befreundeten Kreise, daneben das furchtbare Gefühl, der Familie zur Last zu sein statt ihr nützen zu können – das Nichtsthun ist auf die Dauer so schwer zu ertragen, es bringt nothwendig allmählich den körperlichen wie geistigen Ruin des Menschen.» Es dränge ihn nach Mitwirkung, er wolle wieder Fuss fassen; sicher werde er sich vor Überbürdung und Einmischung in aufreibende Angelegenheiten hüten. Auch würde die finanzielle Einbusse durch die lange Krankheit einen Erholungsurlaub nicht zulassen. «Ich würde es unter allen Umständen vorziehen zuerst nach Hause zu kommen, mich dort umzusehen & wieder zurecht zu finden. – Bleibt dann Zeit u. Geld zu einem besonderen Erholungsaufenthalt, mag es gut sein.» Die materiellen Sorgen, die er anspricht, waren wohl beträchtlich. Der Gemeinderat Egnach beschloss im Mai 1890, also schon nach einem halben Jahr Anstaltsaufenthalt: «Der Frau Präsident Baumann wird mit Rücksicht auf die Krankheit ihres Mannes die Einkommenssteuer auf die 4te Klasse reduziert.»[146]

Baumann fährt fort in seinem Brief: Gestern habe er mit dem Oberwärter einen kleinen Spaziergang auf die Anhöhe gemacht, er habe zum ersten Mal wieder die Kleider getragen, die man ihm am Anfang weggenommen habe, und er habe an ihren Hochzeitstag gedacht und was seither geschehen. «Theure Gattin! Was auch kommen mag, wir werden uns die Liebe bewahren. – Möchte es mir bald vergönnt sein, für euer Wohl wieder thatkräftig mitzuarbeiten.» Dann schreibt er über die Kinder: «Küsse sie täglich für mich wie ich es im Geiste immer thue.» Wahrscheinlich werde er erst in der folgenden Woche gehen können, das Warten werde ihm immer länger und schwerer. Auch fürchte er, dass sie sich zu sehr abmühe. «Schone deine Kräfte damit die Mutter den Kindern erhalten bleibt.» Auch bei diesem Brief fügt er ein PS an: Direktor Laufer habe in dieses Schreiben Einsicht genommen und sei einverstanden, dass sie beim nächsten Besuch zwei Tage bleibe, sie könne in seiner Wohnung übernachten. Das Verhältnis zum Chefarzt und Anstaltsdirektor scheint spätestens in den letzten Wochen des Aufenthalts ein freundschaftliches geworden zu sein. In den zwei Briefen, die Ulrich Baumann ihm drei und fünf Jahre später schrieb, redete er ihn mit «Lieber Freund» an.

Zehn Tage nach dem vorletzten Eintrag heisst es im Journal unter dem 26. März 1891 kurz und bündig: «Geheilt entlassen.»

Im zeitgenössischen Lehrbuch berichtet Krafft-Ebing von einem mehrmonatigen Unterbruch der Krankheit, die dem Patienten die Wiederaufnahme der Arbeit ermöglicht habe, sowie von der Heilung eines 35-Jährigen, der schliesslich wieder als ziemlich beschäftigter Rechtsanwalt arbeitete; spätere Lehrbücher gingen aber davon aus, dass die Krankheit nicht geheilt, höchstens unterbrochen werden könne – «meist nur eine grössere Anzahl von Monaten, in Ausnahmefällen bis einige Jahre», durchschnittlich verstürben die Patienten mit progressiver Paralyse nach drei Jahren.[147] In diesem Licht hatte Ulrich Baumann Glück im Unglück.

Zwischenspiel zu Hause

So kehrte Ulrich Baumann im Frühjahr 1891 nach mehr als einjähriger Abwesenheit nach Neukirch-Egnach zurück, und äusserlich war fast alles wie vorher. Er nahm seine Ämter wieder auf – schon am 8. April nahm er wieder an der Gemeinderatssitzung teil. Der Grosse Rat und das Bezirksgericht folgten etwas später – in beide Ämter war er bereits ein Jahr vorher, während er noch unzurechnungsfähig in St. Pirminsberg weilte, in absentia wiedergewählt worden; offenbar ging man nicht nur in der Familie, sondern auch bei den lokalen Behörden davon aus, dass sein «geistiger Erschöpfungszustand» bald überwunden würde. Bemerkenswerterweise scheint es auch von gegnerischer Seite dazu keine Polemik gegeben zu haben.

Dies vielleicht auch, weil das nationale Mandat, wie schon erwähnt, anlässlich der Gesamterneuerungswahlen stillschweigend aufgegeben wurde. «Mit grossem Bedauern», schrieb das demokratische «Thurgauer Tagblatt» im Oktober 1890, «wird man von seiner Wiederwahl Umgang nehmen müssen. Er hat das thurgauische Volk ehrenhaft vertreten, bis seine geistige Spannkraft erlahmte. Wenn auch seine Genesung Fortschritte macht und zu hoffen steht, er werde in kurzer Zeit zu seiner schwer geprüften Familie zurückkehren und seinen verschiedenen Beamtungen wieder vorstehen können, so wird es doch besser für ihn sein, er werde sich in nächster Zeit nicht der Politik zuwenden, bis er wieder jene geistige Klarheit erreicht, die ihn früher in hohem Masse auszeichnete. Auch die wärmsten Freunde des Herrn Baumann [...] sehen ein, dass man vorläufig von seiner Wiederwahl in den Ständerat absehen muss.»[148]

So hatte sich sein Wirkungskreis wieder verkleinert auf den Bereich vor der Ständeratswahl, und zunächst war der vorher als energisch beschriebene Mann unsicher und schwach. «Nach seiner Heimkehr war er still & menschenscheu. Er äusserte des Vertrauens des Volkes nicht mehr wert zu sein. Erst im Frühjahr 92 wieder zugänglich», berichtete sein Vetter Notar Baumann später.[149] In seiner eigenen Sicht war er sogar die ersten zwei Jahre nach der Rückkehr nicht zu grossem Engagement in der Lage, wie man dem folgenden Brief entnehmen kann, den er am 12. Juli 1894 an Direktor Laufer in St. Pirminsberg schrieb und mit dem er ihm einen Korb Kirschen vom Hof seines Bruders schickte «als Zeichen, dass ich noch existiere und nicht ganz zu Grunde gegangen bin trotz des grossen Unheils, das über mich gekommen ist. Es wäre längst meine Pflicht gewesen, dir über mein Befinden zu berichten, aber ich wollte warten, bis ich einigermassen darüber Befriedigendes zu sagen wüsste und das liess etwas lange auf sich warten. Nach dem Verlassen deiner Anstalt lagen meine körperlichen und geistigen Kräfte so sehr darnieder, dass ich lange Zeit noch ein Spielball der Verzweiflung war und nur mühsam mich durchschleppte eine bescheidene Existenz mir zu sichern. Erst seit einem Jahre ungefähr fühle ich mich allmälich etwas stärker, leistungsfähiger und sicherer u. ich könnte zur Zeit, soweit mir selbst ein Urtheil zusteht, mein Befinden ein demjenigen in meinen besseren Tagen entsprechendes nennen. Einige Beschwerniss erregt mir momentan am meisten, dass seit etwa 2–3 Wochen mein Gehörvermögen wohl in Folge von Katarrh in der eustachischen Röhre sehr reduziert ist, während es sonst seit Verlassen Eurer Anstalt ein durchwegs normales war, rasch bedeutend besser als früher es etwa der Fall war.

Hier besorge ich die Arbeiten der Gemeinderatskanzlei, die mir eine ordentliche Existenz liefern, nehme daneben als Bezirksrichter an den Gerichtssitzungen theil, bin jedoch am liebsten zuhause und lasse der Welt ihren Lauf ohne versucht zu sein mich wieder in ihre Speichen zu werfen.

Mein nun im 88ten Jahr stehender Vater erfreut sich der besten Gesundheit und seinetwegen nicht am wenigsten und meiner eigenen Familie wegen allerdings nicht minder danke ich es dir, dass du in kritischer Zeit die Hoffnung mich den Meinigen wiederzugeben nicht aufgegeben hast – so schwer es mir auch sonst fällt an Pirminsberg zu denken und diesen traurigen Sermon zu schreiben. Mein langes Stillschweigen hoffe ich werdet Ihr mir da droben nicht übel gedeutet haben. Dass ich mich nicht sehnte dorthin zurückzukehren und dass ich mich bemühte auch meine Gedanken möglichst wenig dorthin zurückeilen zu lassen, werdet ihr wohl begreifen, obwohl ich mich derjenigen die sich dort um mich bemühten durchwegs nur freundlich erinnere. Insbesondere gedenke ich dankbar des Oberwärters Herrn Egli, den ich herzlich von mir zu grüssen bitte. Ich hoffe, dass du samt deiner liebenswürdigen Gemahlin und wie ich mir denke mehreren Kindern recht gut befindest, wie ich nun selbst mit meinem eigenen Befinden und demjenigen meiner Familie wieder wohl zufrieden sein kann.

Herzliche Grüsse an dich und deine Gemahlin auch von meiner Frau
dein dankbarer unheilbarer Patient u. Freund
U. Baumann»

Im PS lädt er Laufer noch zu einem Besuch ein, sollte er einmal in der Gegend sein, und lässt «Freund Wespi» grüssen – wahrscheinlich ein anderer Patient.

Dieser Brief wirft nun doch nochmals ein anderes Licht auf die Behandlung in St. Pirminsberg. Es ist nicht anzunehmen, dass Baumann die gute Behandlung, die er hier hervorhebt, im Nachhinein erfindet, und dass der Dank geheuchelt ist. Anderseits zeigt sich, dass er sich selbst der Unheilbarkeit seiner Krankheit bewusst ist und ahnt, dass sein jetziges Leben ein absehbares Ende haben wird.

Allerdings scheint es ihm ab Mitte 1893 besser gegangen zu sein, Aktivitäten sind von ihm indes nur noch auf Gemeindeebene dokumentiert, obwohl er sich 1893 und 1896 jeweils auch wieder in den Grossen Rat und ins Bezirksgericht wählen liess. Sein Einsatz in der Gemeinde galt vor allem der Wasserversorgung, aber auch für die in Planung begriffene Eisenbahnlinie Romanshorn–St. Gallen, welche das Egnach durchqueren sollte, engagierte er sich in kontroversen Diskussionen. Sein Engagement für die Wasserversorgung zeigt ihn nochmals als erstaunlich aktiven und streitbaren Lokalpolitiker.

1894 brachte der Dorfarzt Dr. Fässler in der Mittwochsgesellschaft das Thema auf und schlug die Schaffung einer modernen Wasserversorgung vor, nachdem er anhand von neuen chemischen Untersuchungen die mangelnde Wasserqualität der Egnacher Quellen, die gefährliche Krankheitskeime enthielten, aufgezeigt hatte. Spontan wurde ein Komitee aus Ulrich Baumann, seinem Vetter Notar Baumann und einem Kaufmann gebildet. Am folgenden öffentlichen Informationsabend wurde ein Komitee unter seiner Leitung gebildet, das er sofort dominierte – «ein energischer Mann, der am liebsten alles auf eigene Faust machen würde. Die Kommission stört ihn manchmal nur», urteilt der Chronist.[150] Sofort schrieb er an die Wasserversorgungskommission Arbon: «Im Begriff für Neukirch und Umgebung eine Wasserversorgung mit Hochdruck eventuell mit Niederdruck anzustreben und eben damit beschäftigt, die nöthigen Vorstudien zum Abschluss zu bringen, wünschten wir einige Erkundigungen einzuziehen über die gemachten Erfahrungen da, wo solche Einrichtungen bereits bestehen u. dem Vernehmen nach sich bewährt haben sollen. Wir erlauben uns deshalb die ergebene Bitte an Sie zu stellen, Sie möchten, soweit Sie es thunlich finden, uns über folgende Punkte gütigst Auskunft geben» (Kosten, Amortisation, Grösse des Reservoirs, Wasserverbrauch).[151]

So harmlos die Sache von heute aus anmutet, so erbittert wurde damals darum gestritten, auch wenn die in der Einleitung erwähnten Anekdoten vielleicht so nicht zutreffen. Ein Ingenieur wurde mit einem Projekt beauftragt; als er es vorstellte und Kosten von 54 000 Franken in Aussicht stellte, gab es hitzige Diskussionen. Wassermengen und Kosten waren immer wieder Anlass für Auseinandersetzungen und Austritte aus der Kommission. Am Schluss stand Baumann ziemlich allein da, liess sogar eine Quelle auf eigene Kosten untersuchen; Kommissionsmitgliedern, die nicht auf Sitzungseinladungen reagierten, liess er ausrichten: «Unentschuldbares Ausbleiben wird [...] als feindselige Haltung gegen mich persönlich und als unqualifizierbare Verletzung der als Korporationsmitglieder übernommenen Pflicht betrachtet.»[152]

Während die Opponenten von einem finanziell unverantwortlichen Abenteuer sprachen und der Streit schliesslich auch zu Tumulten an der Gemeindeversammlung führte, hielt Baumann offenbar unbeirrt an seinen Plänen fest; 72 Sitzungen der Kommission sind in drei Jahren verzeichnet. Seine in der Familie kolportierte Grosszügigkeit wird von Notar Baumann beglaubigt: «Im Jahre 94 projectirte er eine Wasserleitung für Neukirch, er fand dabei manche Gegner, gegen die er stets schneidig, oft auch etwas persönlich vorging. Im Dez 97 wurde die Wasserleitg fertig. Mit der Ablegung der Baurechnung sei Pat etwas zurückhaltend gewesen, da er zuerst sein Werk fertig stellen wollte, bevor er die Rechnung der Einsicht unterbreitete. Den Unternehmern gegenüber sei er etwas splendid gewesen, habe öfter erklärt, man dürfe in solchen Dingen nicht knickerig sein. Wenn ein Ingenieur gekommen, habe er für ihn einspannen lassen um ihn ans Werk zu führen, ihn auch gastfrei gehalten. Für sich werde er nicht viel beanspruchen, wenn man ihn in seinem Werk nicht störe.»

Das Werk wurde vollendet, die Abrechnung, die Baumann auch Anfang 1898 noch nicht vorlegen konnte, führte dann zu einem Eklat, der in seine zweite Einlieferung ins Irrenhaus mündete – davon später.

Noch umstrittener als die Wasserversorgung war die Linienführung der geplanten Bodensee-Toggenburg-Bahn, bei der sich Ulrich Baumann ebenfalls exponierte und sich Feinde schuf; 1897 nahm der Grosse Rat in corpore an einer Besprechung vor Ort teil. Das Engagement Baumanns wird bezeugt durch die Konzessionsurkunde, die auf Stadtammann Müller von St. Gallen, Gemeindeamman Schäffeler von Romanshorn und Bezirksrichter Baumann von Neukirch lautet – als sie am 15. April 1898 ausgestellt wurde, war Baumann bereits in Münsterlingen; den Bau der Bahn, der dann Tausende von Italienern, Kroaten und Türken in den beschaulichen Oberthurgau bringen sollte, erlebte er nicht mehr.[153]

Neben diese Engagements trat zunehmend die Aktivität auf dem erweiterten eigenen Grundstück, wie einem zweiten Brief zu entnehmen ist, den er fast genau zwei Jahre nach dem ersten, im Juli 1896, an seinen «werthesten Freund» Direktor Laufer schreibt, wieder begleitet von einem Körbchen Kirschen, die diesmal «in meinem Bauerngarten gewachsen» sind, «zum Zeichen, dass wir noch leben und euch da droben nicht ganz vergessen haben». «Dein freundliches Briefchen, mit welchem du mir die vorjährige kl. Sendung bestätigt hast, zu beantworten fand ich nie früher die rechte Stimmung, da die Trübsal in Folge eines vorherrschenden Schwächegefühls immer noch sehr dominierte. Seit einem halben Jahre ungefähr ist in dieser Beziehung eine erhebliche Besserung eingetreten, die ich nicht zum wenigsten einer tröstlich beruhigenden, alten Kummer u. Sorgen verscheuchenden bzw. zurückdrängenden Consultation des kürzlich leider verstorbenen von mir hochgeschätzten Hrn. Dr. Sonderegger verdanke. In der vor einem Jahre erfolgten Arrondierung meines Heimwesens & Einrichtung eines kleinen landwirtschaftlichen Betriebes finde ich neben meinen eigentlichen Berufsgeschäften eine zuträgliche Abwechslung & allmähliche Wiedererstarkung meiner körperlichen und geistigen Kräfte und wenn ich meinen nun im 90sten Altersjahr stehenden immer noch rüstigen Vater unermüdlich an der Arbeit sehe, so mache ich mich mehr und mehr mit dem Gedanken vertraut, dass mir doch noch eine Periode freudigen Schaffens und nützlicher Wirksamkeit im Bereiche meiner Familie, die sich, Gott sei Dank, bis jetzt guter Gesundheit erfreut, vergönnt sein möchte.

Ich hoffe gerne dass du dich mit den deinigen recht gut befindest. Herzliche Grüsse an dich und deine werthe Gemahlin [...]
auch speziell an Hrn Egli & Wespi
von deinen
Ulrich Baumann u. Frau Mina»

Tatsächlich hatte Ulrich Baumann im Jahr vorher etwas Land dazugekauft und so einen kleinen Bauernbetrieb zum Wirtshaus dazugefügt – Bescheidung in den angestrebten Zielen und Vorsorge für die Familie zugleich drücken sich darin aus. Der Wirkungskreis, bereits weitgehend auf die Gemeinde beschränkt, wurde noch etwas enger. Freilich interessierte er sich weiterhin für die Welt. Von 1894 bis 1897 liess er sich das neue, siebzehnbändige «Meyers Konversations-Lexikon» liefern. Und in der Mittwochsgesellschaft Neukirch-Egnach referierte er weiterhin über Abstimmungsvorlagen, letztmals im Februar 1898.

Einen Monat später wurde er in die Irrenanstalt Münsterlingen – so wurde diese bis 1939 genannt – eingeliefert. Dort gab Notar Baumann ausführlich Auskunft über die Ereignisse der vorangegangenen Wochen, am Beginn steht die oben angesprochene fehlende Abrechnung der Wasserversorgung: «Letzte Fasnacht nun hätten seine Gegner ihn in die Fasnachtszeitung getan.» Weiter unten dazu: «Am 13 II seien 3 Commissionsmitglieder der Wasserversorg zum Pat gekommen mit dem Verlangen Rechnungseinsicht zu bekommen. Das habe Pat sehr aufgeregt, er habe gedroht sie zu erschiessen, falls sie sich nicht entfernten. Dieser Auftritt habe die Stelle in der Fasnachtszeitg veranlasst.» Baumann selbst hatte den Vorfall etwas anders protokollieren lassen: Das Komitee des Fasnachtsumzugs habe in der Fasnachtszeitung gewarnt, dass etwas mit der Rechnung der Wasserkorporation nicht stimme, der Präsident halte die Rechnung zurück; darauf seien drei Komiteemitglieder bei ihm zu Hause erschienen; er habe sich geärgert und zum Nachtessen gehen wollen. «Da veränderten sich plötzlich die Mienen der ungebetenen Gäste. Alle drei verlangten einstimmig in frechem Tone und mit zum Teil drohender Haltung und Geberde meine sofortige Erklärung, bis zu welchem Zeitpunkt ich die Wasserrechnung definitiv und ohne Vorbehalt abschliessen werde. Ich erwiderte: ‹Sobald ich Zeit und Ruhe finde, bin ich bereit, jedoch mit den nötigen Vorbehalten.› Damit wollten sie sich jedoch nicht begnügen und benahmen sich immer unverschämter. Dieses sonderbare Betragen meiner Gäste auf meinem privaten Arbeitszimmer veranlasste mich, ihnen schliesslich zu erklären, ich habe vorausgesetzt, sie kommen in loyaler Absicht als Kollegen, nun müsse ich aber sehen, dass sie mehr kommen wie Räuber im Komplott, mich einzuschüchtern und zu vergewaltigen, weshalb ich ihnen allen Ernstes die Türe weise und sie aufmerksam mache, dass ich, wenn sie meiner Aufforderung, mich in Ruhe zu lassen, nicht Folge leisten, nötigenfalls noch einen Ordonnanz-Revolver zur Verfügung habe.»[154]

Wie Ende 1889 ist auch jetzt nicht eindeutig festzustellen, ob Überarbeitung, Stress und Erregung zum Ausbruch der Krankheit führten oder ob die Krankheit bereits für den Stress und die übermässige Erregung verantwortlich war. Jedenfalls scheinen die Aufregungen um diese Abrechnung eine unaufhaltsame Entwicklung in Gang gesetzt zu haben. Notar Baumann fährt fort:

«Wie Pat am Fasnachtssonntag 20 II als am Abstimmungstag über den Eisenbahnrückkauf aus der Gemeinde, wo er noch gesprochen, heimgekehrt war, wurde ihm die Zeitung übergeben. Er zeigte sich darüber aufgeregt, sprach dann aber von der Abstimmung. Am Fasnachtsmontag war er ruhig. Am Dienstag war Feuer im Dach. Am folg Sonntag war er drauf & dran öffentlich loszudonnern gegen seine Gegner & zu diesem Zweck an das damals zum 2. Male aufgeführte Fasnachtsspiel zu gehen. Er konnte nur mit Mühe davon abgebracht werden. Er habe dann in der Zeitung erwidern wollen, auch eine Annonce in den Kirchspielen ausrufen lassen wollen des Inhalts, er suche einen tüchtigen und handfesten Knecht, der zudringliche Lausbuben aus seinem Hause hinauszuwerfen im Stande sei. Nur unter allerhand Vorgaben habe er sich entschliessen können, sein Vorhaben hinauszuschieben.

Vor 8 Tagen in der Grossratssitzung in Frauenfeld. Er sprach gegen die Aufsichtscommission der Irrenanstalt, da die Ärzte allein mit den Kranken fertig werden. Bei einem Besuch, den er bei einem ihm befreundeten Lehrer in Frauenfeld machte, war er eingeladen während der Lehrer sich zur Schule begab ein Mittagsschläflein zu machen. Er äusserte aber, die Dürerbilder an der Wand hindern ihn daran, da diese Heiligen alle Laster gehabt. Auf Kirche und Geistliche war er von jeher schlecht zu sprechen.

Hernach schickte er von einem Restaurant ein Sympathietelegramm an Madame Dreyfuss wegen ihrer unerschrockenen Haltung. Am 23. III. machte er einen Schulbesuch & sah es mitan, wie der Lehrer einen Schüler streng züchtigte. Das brachte ihn auf & er äusserte daheim: er möchte nur wissen, ob der Pfr Wegmann mit seinem falschen Lächeln damit einverstanden sei.

Er ging dann am näml Tag noch mit einer seiner Töchter zu seinem Vater & kehrte erst um Mitternacht heim. Er war sehr erregt, rief sowie er unterwegs ein Geräusch vernahm: ‹Halt, wer ist da? Keine Opposition.› Die letzten Tage war er auch auf die Thurgauerzeitg erbittert, dass er sie fressen wollte. Am 24 III discutirte er mit einem Mitglied des Presskomites der Fasnachtszeitung in erregter Weise. In der folg Nacht rief er oft zum Fenster hinaus. Am 25 III Freitag schickte er sich an mit einem Stocke bewaffnet seinen Gegnern auf die Bude zu steigen. Den Ref, der sich ihm entgegenstellte, schleuderte er in eine Ecke, sah dann aber gleich sein Unrecht ein & bat um Verzeihung. Am folg Tag sehr aufgeregt gegen die Fasnachtszeitungsleiter. Am Abend ganz verwirrt. Seither nicht mehr klar.

Schon früher sei Pat öfter verstimmt gewesen, habe häufig über Kopfdruck geklagt, es sei Föhn in der Luft.»

In den letzten Wochen vor der Einlieferung schwankte er, ähnlich wie beim ersten Mal, aber in ausgeprägterem Hin und Her, zwischen übermässiger Erregung (Fasnachtszeitung) und Verfolgungswahn sowie nachvollziehbarer Empörung über als falsch empfundenes Handeln (Lehrer züchtigt Schüler) und Grössenwahn (Telegramm an Madame Dreyfus, die Frau des Mannes, der im Zentrum der französischen Affäre stand, die damals Europa aufwühlte, weil reaktionärer Antisemitismus gegen Aufklärung stand; Emile Zola hatte seinen berühmten «J'accuse»-Brief im Januar 1898 veröffentlicht). Noch zehn Tage vor der Einlieferung verzeichnet das Gemeinderatsprotokoll aber auch nüchtern seine Anregung, die Übernahme der Wasserversorgung durch die Gemeinde zu prüfen im öf-

fentlichen Interesse, und die Mehrheit des Gemeinderats stimmt zu, die
öffentliche Besprechung des Projekts in geeigneter Weise zu veranlassen.

Endstation Münsterlingen

Mit der Irrenanstalt Münsterlingen, in die er am 28. März 1898 eingeliefert
wurde, hatte sich Ulrich Baumann schon befassen müssen, als er 1891 nach
seinem ersten Anstaltsaufenthalt wieder in den Grossen Rat zurückkehrte.
Die Regierung des Kantons Thurgau beantragte just im Frühjahr 1891 dem
Grossen Rat, um «der Überfüllung der Männer-Irrenanstalt Münsterlingen
abzuhelfen», die Erweiterung derselben, «um daselbst 265 Irre unterbringen zu können, damit die Frauen-Irrenabteilung aus der Krankenanstalt
entfernt, das Asyl um 100 Irre entlastet und noch für 30 weitere Irre Raum
geschaffen werden kann».[155] So wurde die Klinik, in der 1850 der erste Spezialarzt für Psychiatrie angestellt worden war, 1892–1894 ausgebaut. Als
Dr. Ludwig Frank, wie Dr. Laufer vorher Assistent von Forel am Burghölzli,
1890 die Leitung übernommen hatte, traf er eine überfüllte Anstalt, obschon von 1886 an Kranke nach Basel in die «Friedmatt» überwiesen worden waren.[156] Die Erweiterung schuf nun vier Pavillons, je einen für ruhige,
einen für unruhige Kranke. Das ganze Areal war durch einen hohen Lattenzaun abgeschlossen, gegen den See gab es ein durchsichtiges Gitter.
Die Irrenanstalt war nun ein eigenes, geschlossenes Gebilde. Der ärztliche
Leiter bewohnte eine neue Villa am See. 1897 kehrten auch 72 Patienten
aus Basel zurück.

Der Thurgau, der dafür eine erstaunlich grosse Investition getätigt hatte, verfügte damit ab Mitte der 1890er-Jahre über eine fortschrittliche «Irrenanstalt». Der leitende Arzt erhielt auch einen Assistenten (1910–
1913 sollte das dann der später berühmte Hermann Rorschach sein), vieles
erledigten aber nach wie vor die Wärter. Chefarzt Dr. Frank blieb bis 1905
und war damit die ganze Zeit, die Ulrich Baumann dort verbrachte, verantwortlich. Er galt als «wissenschaftlich, psychotherapeutisch sehr interessiert»;[157] so schaffte er 1900 kurz nach ihrem Erscheinen die erste Ausgabe
der «Traumdeutung» von Freud an.

Trotzdem galten wohl hier wie anderswo noch weitgehend die
Behandlungstechniken des 19. Jahrhunderts, wo man die Zellen der Insassen mit Varek bestreute, Seetang, den man von Zeit zu Zeit wusch und an
der Sonne trocknete. Varek war auch im gleichnamigen Sack, der als eine
Art Matratze diente und in den man den Insassen stecken konnte. Uringetränkte Matratzen wurden im Keller auf einem geheizten Rost getrocknet, was Gestank im und ums Haus erzeugte. Um die Jahrhundertwende

Abb. 19: Irrenanstalt Münsterlingen, um die Jahrhundertwende. Es liegt weniger an der Anlage als an der Aufnahme, dass dieser Blick auf die Anstalt an die «Toteninsel» von Arnold Böcklin erinnert. Sie passt zum romantischen Blick auf den Wahnsinn, der auch Ende des 19. Jahrhunderts durchaus noch verbreitet war: fern, faszinierend und unheimlich. Was vom See her so poetisch wirkte ...

gab es Veränderungen in der Behandlung erregter Kranker. An die Stelle von Zellen trat die Behandlung in Wachsälen, auch tagsüber unter ständiger Aufsicht im Bett, im übrigen wurden weiterhin hydropathische Wickel, Zwangsjacken oder Dauerbad, alternativ auch Arbeitstherapie eingesetzt.

Von welchen dieser Methoden Ulrich Baumann im Einzelnen betroffen war, lässt sich dem Krankenjournal nur bruchstückhaft entnehmen, wie man sehen wird. Die Krankenakte von Münsterlingen umfasst nach dem Bericht von Notar Baumann, der als Anamnese erfasst wurde (man liess sich auch eine leicht zusammenfassende Kopie von St. Pirminsberg kommen) mehr als dreizehn grosse Journalblätter. Die Einträge sind anfangs ausführlich und in den ersten sechs Wochen dicht, dann werden sie seltener, manchmal liegen mehrere Monate dazwischen; auch die Handschriften wechseln immer mal wieder, stammen also von verschiedenen Ärzten.

Abb. 20: ... sah vom Land aus, 1902, weit prosaischer aus. Der hohe Palisadenzaun, der die Anlage zur «geschlossenen Anstalt» macht, ist gut sichtbar. Der Thurgau hatte in den Jahren 1892–1894 die seit 1840 bestehende Anstalt stark ausgebaut und erneuert und eine damals sehr moderne psychiatrische Klinik geschaffen, die man freilich immer noch «Irrenanstalt» nannte. Vier Pavillons nahmen unterschiedliche Patienten – ruhige und unruhige, getrennt nach Frauen und Männern – auf. Auf dem weitläufigen Gelände, das ein hoher Lattenzaun zur geschlossenen Anstalt machte, befand sich auch die Villa des Direktors.

Als Notar Baumann ihn in Münsterlingen einlieferte – ob ein Arzt beteiligt war, lässt sich nicht ausmachen, Dr. Fritschi war unterdessen gestorben –, scheint Ulrich Baumann in einem schwierigen Zustand gewesen zu sein:

«Bei d Aufnahme aggressiv gegen die ihn begleitenden Personen, da sie ihn übertölpelt hätten, spricht wenig, sperrt sich, schlägt eine Scheibe hinaus, gibt d Oberwärter eine Ohrfeige, dem Ref [die Assistenzärzte bezeichneten sich selbst als Referenten] versetzt er einen Fusstritt in den Leib.

In d Zelle sehr laut, schlägt gewaltig in die Türe. Wird ins Deckelbad versetzt. Wie Ref zu ihm kommt verlangt er mit heiserer Stimme ein Tuch um den Hals, wie dieses nicht sofort verabreicht wird, schreit er mit Pathos: ‹Sie sind ein Kalb.› Er wünscht, dass Ref seinen Zwicker entferne; er liebe es nicht, wenn man ihn so hochtrabend fixire. Ref sei ein junger

103

Mensch, der sich bescheiden sollte, vor allem gegen Männer von reicher Erfahrung. Wie Collega W kam, äusserte er gleich: ‹Hören Sie ich wünsche dass sie mich nicht so beaugapfeln; Sie haben einen Blick, der mir sagt, dass Sie keine Paulusbriefe schreiben. Ich habe es auch bei der Aufnahme beobachtet, dass sie mich nur flüchtig über die Schulter ansahen; ich liebe dies nicht. Ich will Leute um mich sehen, die mich gerade & offen anschauen.› Wie der Herr Dir kam verlangte er auch von ihm, dass er sich des Zwickers entledige. Zu dem Badewärter sagte er: ‹Die Wärter mögen jederzeit zu mir kommen, die Herren Ärzte will ich lieber nicht bei mir sehen.› Nachts unruhig».

Auch am nächsten Tag ist es nicht besser, er wird von Wahnvorstellungen beherrscht: «Ausdruck wie gestern, ein schwärmerisch-nervös selbstbewusstes Gesicht, blass, von dunklem grau meliertem Bart umrahmt, mit dunkeln Augen & scharfem Schnitt. Pat äussert an der Wand Köpfe zu sehen, ist hochgradig erregt. Es bestehe von hier eine unterirdische Verbindung mit der Gotthardfestung & mit dem Bundesrat. Spricht pathetisch. Heut um die 7. Stunde stehe die Schweiz vor grosser Gefahr; er müsse sie retten; er sei Soldat, Major (stimmt) zum mindesten, Platzkommandant in hier (mit gesteigert Affect gesprochen). ‹Stellt die Wachen an den Rhein, heut abend vor der 7. Stunde, bewacht dies Kloster hier & verbindet mich sofort mit dem Bundesrat. Ich werde stehen und vorwärtsdrängen zum Rhein wie Caesar, der von Italien kam, durch Gallien zog & bis nach Köln zum Rheine drang. Ich habe Todesangst gehabt, bleibt bei mir, Herr Dr. Ihnen will ich die Geheimnisse sagen; sie sind Eidgenossen und gebildet, wir müssen stehen heut abend & treu zusammenhalten. Seht diese Köpfe, diese Zeichen an der Wand, ja ihr versteht sie nicht, ich aber sehe sie & weiss sie zu deuten. Also vergesst nicht die 7. Stunde. Auch der Vatikan hat Verbindg & ich habe gerungen mit dem Teufel & ich habe gesiegt etc.› Wie Pat in die Zelle verbracht wird klammert er sich an den Ref, drängt sich ganz auf ihn herein & beschwört ihn sich bereit zu halten heut abend & ihn nicht zu verlassen um die 7. Stunde.»

An den beiden folgenden Tagen ist es nicht besser: «Hat in d Nacht die Zelle voll geschmiert. Deklamiert mit heiserer Stimme wirres Zeug», heisst es da, und am folgenden: «Nachts laut, hat aber nicht geschmiert. Deklamiert von Julius Caesar, ruft ich bin Feldherr & ich habe grosses erfahren & schmerzliches, aber ich werde siegen wie Caesar, Caesar Julius, mein Bruder ... etc.» Dann scheint nach einigen Tagen eine leichte Beruhigung eingetreten zu sein. Am 3. April heisst es: «Pat ist etwas stiller, isst noch immer mangelhaft. Noch ganz verwirrt. Scheint zu halluzinieren, oft verändert sich die Mimik plötzlich, indem Pat mit finstrer Miene auf die Seite sieht. Dem Arzt gibt er keine Auskunft, bringt abrupte französische Sätze vor. Schmiert nachts intensiv.» Am folgenden Tag: «Hat gestern abend & heut morgen tüchtig gegessen. Nachts nicht mehr geschmiert. Unklar.»

Eine Woche später ist keine wesentliche Veränderung zu sehen: «Pat noch immer im Bad. Pfeift hie & da mit lustigem Augenzwinkern. Scheint noch sehr lebhaft zu halluzinieren. In Gespräche kann er nicht gezogen werden, man muss froh sein überhaupt eine einzelne Antwort herauszubekommen. Das Gesicht zeigt noch immer hochgradig nervösen Eindruck, bald zuckt es über das Antlitz, bald geht ein Flimmern über die ganze mimische Muskulatur. Pat ist selten für Augenblicke ruhig. Nachts ab & zu unrein. Nahrungsaufnahme genügend.» Am folgenden Tag: «Heut wieder schärfer beobachtend, doch noch immer nicht klar. Spricht pathetisch verworrenes Zeug, ein buntes Durcheinander: ‹Bleibet bei mir, es ist ein grosser Morgen – dort am Eichbaum, ach, ach, quo usque tandem, nur näher, ganz nah & so & so & fest in die Augen gesehen, ein Caesar, ein Messer, Isak, Isakmesser, zum Volke sprechen, vor der Volksgemeinde als der Landespräsident. Nur heran, Herr Doctor, so, ach sie erlauben (spuckt den Arzt an) ja gut, das macht nichts› etc.»

Auch gegen Ende April noch wird notiert, dass er tagelang im Deckelbad und nachts im Seetang gehalten wird: «Noch immer affectirt pathetisch. Sieht die Ärzte hochmütig an. Isst gut. Nachts wegen Unreinlichkeit noch immer im Varek, tags stets im Bad.

Wurde vor einigen Tagen wegen eines Panaritiums am r. Zeigfinder incidirt [ein Einschnitt wegen eines Umlaufs] unter colossalem Sträuben. Er versuchte bei der Gelegenheit im Bad öfter unterzutauchen. Bei der weitern Wundbehandlung ziemlich tapfer. Doch benimmt er sich auch dabei sehr geschraubt: ‹Herr Dr, ich halte dafür, das sollte anders gemacht werden, Sie junger Mensch dürften sich das was ich meine überlegen›, dann verfällt er gleich wieder in verworrenes Deklamieren. In Blick & Miene & Sprache Schauspieler.»

Eine Woche später wieder Varianten des Gleichen:

«Noch immer zumeist verworren. Spricht an einem zu. Macht Alliterationen: ‹Krach, Bach, Macht, Schach Sachen.› Reisst hie & da witzige auch zotige Bemerkungen. ‹Holen Sie schnell den obersten Blitzableiter herunter, ich glaub es klebt eine Fliege dran.› Ref habe einen schönen Anzug, den liesse er sich gefallen, den könne er ihm schenken. Er solle nur viel bei ihm sein, aber das Kneifferlein auf der Nase, das rege ihn auf, das dürfe er einstecken. Er habe eine Schwäche für Kneifferlein. Dann bricht er wieder ab & deklamiert verworrenes Durcheinander, vom Gotthardloch, von Caesar, von Philosophie.

Wenn Pat in die Zelle gebracht wird ist er oft sehr aufgeregt. Es scheint ihn peinlich zu berühren wenn die Wärter erscheinen & doch ist

Abb. 21: Irrenanstalt Münsterlingen, Jahrhundertwende. Für manche Insassen wurde Arbeitstherapie als nützlich angesehen, sei es draussen, wie hier, oder ...

er freiwillig nicht zu bewegen das Lager aufzusuchen. Wenn er in die Zelle geführt wird, schreit er die Wärter als Metzgerknechte an, spuckt, brüllt, schimpft auf die Ärzte & ihre Wissenschaft & schlägt mit Händen und Füssen. Nachts schmiert er noch immer. Tags Bad – nachts Varec –».

Am 28. April – ein Monat ist seit der Einweisung vergangen – hält der Arzt eine offenbar auch für ihn besondere Szene fest: «Unterhält sich im Bad mit einer Fliege längere Zeit in launiger Weise. Abends colossal laut.»

Eine Besserung schien nicht in Sicht. Ob dies oder doch eher gemeindeinterne Querelen um die Wasserversorgung oder die Bahnlinienführung der Grund war, wissen wir nicht – jedenfalls war inzwischen der Gemeinderat Egnach neu gewählt worden und Ulrich Baumann hatte nicht auf der Kandidatenliste gestanden. Anders als acht Jahre früher wurde er jetzt schnell ersetzt. Auch bei den Grossratswahlen im April 1899 stand er nicht mehr zur Wahl, kurioserweise war er aber eine Woche vorher noch – obwohl seit mehr als einem Jahr in Münsterlingen – nochmals als Bezirksrichter gewählt worden, allerdings nur noch mit 1400 von 2400 Stimmen.

Auch im Mai ist keine grosse Veränderung festzustellen: «Schätzt dem Ref wieder sein Kneifferlein ab. So ein Kneifferlein sei doch etwas

Abb. 22: ... drinnen. Hier werden Zeitungen zu Schnipseln zerrissen, vermutlich für die Wiederverwertung – im Maschinenzeitalter tatsächlich mehr Therapie als Arbeit.

furchtbar unpraktisches; man könnte abends so leicht damit in ein Löchlein fallen oder sonst plumpsen, wenn einem etwa einer ein Prügelein vor die Beine werfen täte. Pat macht dabei ein verschmitzt fröhliches Gesicht mit halb zugekniffenen Äuglein.» Neben solchen fast fröhlichen Momenten gibt es andere: «Wieder sehr laut, antwortet auf Befragen nicht. Spricht stets in monotoner Weise verworrenes unzusammenhängendes Zeug.» Trotzdem wird Mitte Mai zum ersten Mal der Wunsch nach Heimkehr vermerkt: «Äussert er möchte gern heim. Man habe ihn ohne ihn zu befragen hergebracht. Glaubt es hätte genügt, wenn er sich zu Hause ausgeruht hätte, indem seine Leute alle nicht dringenden Fälle von ihm abgewendet hätten.» In der Folge wird eine erstaunlich klare und differenzierte Kritik Baumanns an den Behandlungsmethoden festgehalten: «Es sei zu ärgerlich stets im Bad bleiben zu müssen, so als der Gefangene von Hrrn Director Frank & am Abend von 3 stiermässigen Wärtern aus dem Bad gehoben & in eine Zelle mit Hobelspähnen geworfen zu werden. Er wolle sich übrigens über die Wärter nicht beklagen, es seien gutmütige Burschen, aber doch Kerle wie Stiere, wenn sie so rankommen ihn in die Zelle zu verbringen.» Diese Kritik wird freilich durch das unmittelbar anschliessende Festhalten folgender Ausführungen relativiert: «Dann gehts wieder über des Ref Kneifferlein her, ein Kneifferlein gewähre einem nicht den rechten Einblick in die Augen. Ref mache zwar keinen schlechten Eindruck, doch könne man eben kein klares Urteil haben, da das Kneifferlein den Blick in die Augen störe. Hinterher wieder lebhaft halluzinierend, er sehe Hexlein in der Wand, Bilder an der Decke etc.»

Von da an werden die Einträge deutlich seltener. Am 6. Juni heisst es nur noch «Idem» (dasselbe), dann erst wieder Mitte August: «Einige Tage etwas ruhiger, sodass er im Hof kann gehalten werden. Dann wieder stark aufgeregt, halluzinirt & illusionirt, ist grob gegen die Wärter, schlägt rücksichtslos mit den Fäusten auf sie ein. Beobachtet meist scharf, erinnert sich in den klaren Momenten lebhaft seiner Krankheitszeit & weiss namentl. manche Details von Begebenheiten, die sich während seines Hiersein um ihn herum sich zugetragen.»

Im Oktober 1898 – ein halbes Jahr ist seit seiner Einlieferung vergangen – schreibt Ulrich Baumann einen Brief an seine Frau. Ob der Brief, in immer noch zügiger, ein bisschen nervöserer Schrift als früher, abgeschickt oder direkt in die Krankenakte gelegt wurde, ist nicht klar. «Letzten Freitag», schreibt er, «berichtete Hr Dr Zuckerfeld du werdest am Samstag oder Sonntag hierher kommen um mit mir über die von mir beabsichtigte möglichst baldige Heimkehr zu sprechen und die nöthigen Anordnungen hierfür zu treffen.

Da du aber gestern nicht eingetroffen bist und ich ängstlich wurde durch längere Verzögerung könnte es mir zu Hause mehr erschwert werden meine bisherigen amtlichen Funktionen als Gemeinderathsschreiber, die ich eben doch nicht wohl fahren lassen könnte, weil sie mir verhältnissmässig eben doch noch am besten eine bescheidene Beschäftigung & Existenz sichern, wieder zu übernehmen, so möchte ich doch ersuchen, die nöthigen Schritte für meine baldige Entlassung aus der hiesigen Anstalt mit thunlichster Beförderung vorzunehmen. Es wird wohl nothwendig sein dass du persönlich hieher kommst. Mich hier länger von meiner bürgerlichen Berufsthätigkeit zurückhalten zu lassen hätte für mich die nachtheiligsten Folgen, die ich hier nicht weiter werde schildern müssen. Ich setze voraus du werdest da nicht Schwierigkeiten machen. Ich hoffe wir werden über solche die sich allfällig zeigen sollten hinwegkommen.

Freundliche Grüsse an dich & die lieben Kinder von deinem
U. Baumann
P. S. Ich setze voraus Hr Dr Frank werde von diesem Schreiben Notiz nehmen & dir entsprechende Mitteilung zukommen lassen.»

Ulrich Baumann scheint sich, wie dieses PS zeigt, seiner Situation gänzlich bewusst gewesen zu sein, weiss aber offenbar nicht, dass mittlerweile Gemeinderatswahlen ohne ihn stattgefunden haben. Der Brief ist klar formuliert, in seiner fast amtlichen Diktion scheint er mehr an den Chefarzt als an die Frau gerichtet. Darauf deutet auch die Anrede «Liebe Gattin»; von St. Pirminsberg hatte er «Liebe Mina» geschrieben. Die Klarheit der Formulierungen und Überlegungen wie auch diese strategische Ausrichtung des Briefs stehen in deutlichem Kontrast zu den Notizen der Ärzte, welche die Krankheitssymptome hervorheben.

Weder die Klarheit des Briefs noch der Wunsch nach Rückkehr haben irgendeine Spur in der Krankenakte hinterlassen – man scheint beides ignoriert zu haben. Von Mitte August bis Dezember gibt es keine Einträge, erst gegen Ende Jahr notierte der Arzt wieder einmal etwas: «Mit Ausnahme von einigen ruhigen Tagen fast immer aufgeregt, wenn im Ganzen auch etwas weniger als im Frühjahr & Sommer. Witzelt noch immer viel, verbigerirt [Aneinanderreihen von sinnlosen Silben, Wörtern oder Satzteilen, ein häufig bei Schizophrenie oder fortgeschrittener Demenz auftretendes Symptom] auch noch sehr oft & halluzinirt noch stark. Berichtete letzthin, sein Kopf müsse heut nacht herunter & ein andrer an dessen Stelle, sprach auch geheimnisvoll von dem electr. Licht in der Anstalt & von der reinigenden Kraft der Flammen & der Anziehungskraft der electr. Leitungen auf das Gehirn & dgl. Schläft nachts noch immer wenig, singt oft in monotoner Weise.»

1899 gibt es zunächst im Februar den Eintrag: «Noch immer unverändert. Singt verbigerirt, halluzinirt & ist dazwischen wieder für Stunden ruhig & geordnet, zuweilen etwas deprimirt. Beobachtet noch immer mit Schärfe Kleinigkeiten. Gegen die Umgebg bei Widerspruch rasch gewalttätig.» Im März: «Die letzte Zeit ruhiger. Kann für Stunden oft bei den andern Pat gehalten werden.» Ein Jahr Klinikaufenthalt war vorüber, der Arzt vermochte aber keinen rechten Fortschritt zu erkennen. Im Mai notiert er: «Während Pat die letzten Wochen leidlich ruhig war, ist er wieder aufgeregter geworden, hält wieder verworrene Reden, verbigerirt, zeigt grossen Bewegungsdrang, sieht viele Köpfe an der Wand, die er ruhig klar beschreibt.»

Im Juli 1899 wechselt die Schrift, ein neuer Arzt beschäftigt sich mit Ulrich Baumann. Er stellt fest: «Langsame Besserung bemerkbar, [...] macht sich besonders am Nachmittag bemerkbar. Nachts ist er sehr laut und poltert in der Zelle. [...] Im Bad perorirt, singt und lärmt er noch; gegen Mittag verlässt er dasselbe [...] oft etwas deprimirt, wie er selbst angibt.»

Anfang 1900 kommt wieder ein neuer Arzt, er hält am 16. und 18. Januar ausführlich die monotone, immer noch hauptsächlich aus Bad bestehende Behandlung des Patienten und seinen Zustand fest: «Pat. wird nachts immer noch isoliert; bekommt, da er mit Urin oft unrein ist, einen

Vareksack und 2 Steppdecken. Schläft sehr wenig. Schon um 4 Uhr morgens, oder früher, wird er unruhig, geht in der Zelle herum, wirft mit den Decken um sich, klopft an das Fensterkreuz, oder tastet dasselbe sorgfältig ab, oder fährt mit der Hand an der Wand herum, ruft laut, stösst trompetenartige, mit den Lippen hervorgerufene Töne von sich, dass man es weithin hört, hält Volksreden, oder singt monoton und schimpft so laut er kann.

Sowie die Wärter aufstehn, wird er in's Bad getan. Meist bleibt er den ganzen Tag drin. Hie und da, wenn er etw. ruhiger ist, lässt man ihn Nachmittags oder gegen Abend aufstehen und in den Saal gehen, wie z. B. heute. – Ruhig steht er am Fenster und schaut hinaus in den Garten. Lange hält er den Kopf unbeweglich in der gleichen Haltung, den Blick immer nach dem gleichen Punkt in der Ferne gerichtet. In der rechten Hand hält er Brosamen, vom Essen her. Bei der Begrüssung des Ref. nimmt er dieselben in die linke Hand. Seine Bewegungen haben etw. müdes und langsames. Er sieht wie in Träumen versunken aus. Bei der Begrüssung schaut er den Ref. freundlich und liebevoll an. Sein Gesicht hat etwas gutmütig väterliches. Ein leicht angedeutetes, ironisches Lächeln zeigt einen feinen Humor. Seine Gesichtszüge haben etwas müdes und schlaffes. Sein Blick ist scharf und beständig musternd. Er redet langsam mit leiser, tiefer und heiserer Stimme, macht nach jedem Sätzchen eine kleine Pause.

Ueber die Bedeutung der Brosamen befragt, erklärt er, er habe sie zum Zeitvertreib, damit er etwas in der Hand habe. Einmal tue er's in die eine und dann in die andere und wenn er es nicht mehr brauche in den Sack.

Ueber sein Befinden sagt er aus, er wäre nicht krank, wenn er nicht in einer kranken Umgebung wäre.

Auf die Frage, warum er nachts an den Wänden herumwische, antwortet er: ‹1. Um Bewegung zu haben, denn wenn ich lang liege, so werden meine Glieder ganz steif; 2. Um in Verbindung zu treten mit der Aussenwelt, denn durch die Wand kommt von aussen ein elektrischer Strom. Das Wischen dient dann auch zur Orientierung.›

Auch das Trompeten, Rufen und Singen dient ihm zur Orientierung, ‹denn wenn man ruft, so antwortet jemand draussen, dann weiss man doch wer da ist.›

Er hört allerlei: z. B. Man wolle ihm den Kopf abschneiden und einen andern aufsetzen. Dies hält er für sehr wohl möglich, aber lustig sei es nicht. Er hört auch über seine Frau reden. Man müsse ihr eine Operation machen, er sei darüber sehr geängstigt. Oft heisse es aber auch, das sei nicht wahr, man suche ihn nur zu erschrecken.

Was er auf die Weise hört, scheint ihm wirklich gesprochen und er glaubt nicht, dass es bloss Sinnestäuschungen seien. Wenn er mit den Händen an der Wand herumwischt oder gewisse Stellen am Fensterkreuz befühlt, so glaubt er mit gewissen Sternen in Verbindung zu treten und mit dem Mond. Er hört dann Leute von dort oben reden. Sie sind es welche sagen, man wolle ihm einen andern Kopf aufsetzen; oft übernimmt ihn dabei eine grosse Angst, dass ihn die Füsse kaum mehr tragen; er fängt dann laut an zu rufen und zu singen und seine trompetenartigen Töne auszustossen, um sich dagegen zu wehren.

Ein weiterer Grund, warum er so rufe, sei der um seine Lungen zu üben, weil sonst ein Organ zu Grunde gehe, wenn man es nicht brauche.

Alle diese Vorgänge in der Luft erklärt er sich durch Hypnosis. Und unter Hypnosis versteht er die Einwirkung auf den Geist eines Menschen durch Electricität.

Er kennt alle Patienten und Personen seiner Umgebung mit Namen, macht sich seine Bemerkungen über sie. Er beobachtet scharf, giebt hie und da auf Befragen seine Beobachtungen mit humorvollem Ton zum besten.»

Es ist ein widersprüchliches Bild, das der neue Arzt festhält, vielleicht hat er es darum so ausführlich formuliert: Klarheit der Beobachtung und teilweise des Denkens stehen unvermittelt neben offensichtlichen Wahnvorstellungen. Zwei Tage später fügt der Arzt einen weiteren ausführlichen Eintrag hinzu: «Sperrt sich am Morgen sehr, wenn er aus der Zelle in's Bad muss. Sagt er gehe nicht gern in's Bad, bevor er sich draussen orientiert habe. Denn oft sei es draussen sehr kritisch. Tut man ihn aus dem Bad in den Saal, so sträubt und sperrt er sich oft auch sehr, ebenso aus dem Saal in's Esszimmer und aus dem Esszimmer in den Saal zurück, oder wenn er schlafen geht. Mit Gewalt muss man ihn oft ausziehen, wobei er hie u. da auch gewalttätig wird. Bleibt meist lange am Essen. Behält oft irgend etw. davon in der Hand zurück, um sich besser orientieren zu können.

Glaubt in einem andern Patienten namens Länger, ‹dem sie Herr Graf sagen›, den Dichter Schiller zu sehen. Er glaubt die Auferstehung der Toten. – Früher tat er das nicht. – Aber in letzter Zeit erscheint ihm auch oft seine verstorbene Mutter an der Wand und er hat sie auch schon reden gehört.

Er glaubt, dass diese Leute, die er an den Wänden und hinter den Türen sieht, etc., leibhaftig existieren. Auf die Frage, wieso er sich das erkläre, dass nur er alle diese Sachen sehe und wir nicht, antwortet er, es wäre ja schon möglich, dass es nur Sinnestäuschungen wären; aber bald darauf betont er, es komme ihm doch vor, als ob es wirklich existiere, als ob er z. B. die Fäden, die vom Mond zur Erde kommen wirklich sähe.

Sein Gedächtnis ist gut.

Abb. 23: Irrenanstalt Münsterlingen, um die Jahrhundertwende. Eine moderne Irrenanstalt mit weiblichen Pflegerinnen in der Frauenabteilung. Der Aufenthalt im Freien gehörte zur Therapie.

Spricht vernünftig über die von ihm erstellte Wasserleitung, erklärt wie sie angelegt wie lang sie sei, dass das Wasser bakteriologisch untersucht worden sei, dass es nicht filtriert werde etc.

Sagt, es habe ihn aufgeregt, dass man den Rechnungsabschluss für die Wasserleitg verlangt habe und er ihn noch nicht hatte.

Ist am Abend meist ruhig, trüber Stimmung, am morgen laut & stark aufgeregt.»

Der zweite ausführliche Eintrag des neuen Arztes bestätigt den zwiespältigen Eindruck eines halb klaren, halb halluzinierenden Geistes. So sehr man die Behandlungsmethoden der damaligen Zeit fragwürdig findet, so wenig kann man doch seiner interessanten, auf moderne Psychiatriekritik vorausweisende Selbstdiagnose – «er wäre nicht krank, wenn er nicht in einer kranken Umgebung wäre» – zustimmen. Das zeigt der nächste Eintrag vom 21. Februar: «War heut abend sehr aufgeregt, als man ihn in die Zelle führte. Liess sich nicht gutmütig ausziehen. Schimpfte in lautem Prediger- oder Volksrednerton, jedes Wort besonders mit besonderem Nachdruck betonende: ‹Franz Drake – es sind – Res Publica – Schacher, sei es jüdisch oder christlich – Halleluia – warum, darum – Wollen Sie – weiter gehen – und mich nicht belästigen, etc.›.»

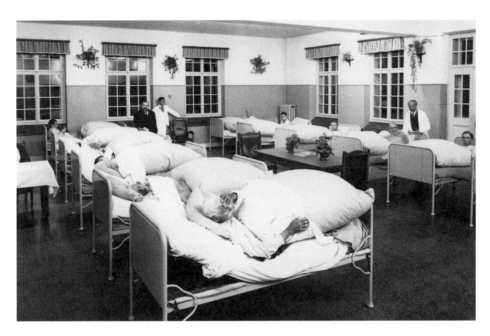

Abb. 24: Irrenanstalt Münsterlingen, Anfang 20. Jahrhundert. Die psychiatrischen Kliniken waren vor der Erfindung der Psychopharmaka laute Orte, viele Patienten oft unruhig. Ruhe galt daher lange als wichtige Therapie, um die erregten Gehirne zu beruhigen. Das berüchtigte Deckelbad zum Beispiel sollte die Ruhe fördern. Davon gibt es keine zeitgenössischen Fotos, auch nicht von den «Zellen», in denen die unruhigen Patienten um die Jahrhundertwende gehalten wurden, manchmal in Matratzen gesteckt, die mit getrocknetem Seetang gefüllt waren. Aber auch im Bett, notfalls mit Zwangsjacke festgehalten, sollten sich Patienten beruhigen; hier ein Bettensaal unter Aufsicht, einige Jahre nach Baumanns Tod. So ruhig, wie es hier scheint, dürfte es allerdings nicht oft gewesen sein.

Im dritten Jahr in der Klinik ging es deutlich bergab, von Rückkehr nach Hause ist nicht mehr die Rede. Im März 1900 heisst es: «War 2 Nächte hintereinander mit Koth unrein. Wird klystiert. Schimpft laut: Bande, rohe, Strohknechte, schlechte – wüst, Wüste, Wüstensand – Hunde, Wunde – cochon, couche-toi.» Die nächsten Einträge gehen um Reinheit, Kot, Varek (der erwähnte Sack mit dem getrockneten Seetang), dann um sprachliche Äusserungen:
«Ruft heut Morgen, im Bad, in lautem Volksrednerton:
Gimpel – Simpel
Brüllen, Brüllen, Müller
Finken – Stinken
Flöten – röten
Krösus, Krösus».

Im August 1900 wird zum ersten Mal ein Beruhigungs- und Schlafmittel eingesetzt, um die Unruhe zu bekämpfen: «Hat einige Nächte fast gar nicht geschlafen, rief u. schrie u. trompetete u. sang fast die ganze Nacht. Bekam gestern Abend 30 Tropfen Hyoscin zum Essen. Schlief die ganze Nacht, war gleich nach dem Essen eingeschlafen. Sagt heut er habe geschlafen, weil er die früheren Nächte nicht geschlafen habe.» Die Wirkung bleibt bescheiden, der Zustand scheint sich zu verschlechtern: «Nachts unruhig trotz Hyoscin. Er habe gehört, man wolle ihm den Kopf abhauen und ihn verteilen. Seine Kinder seien schon alle verteilt. Schon um 12 Uhr nachts, hat er, laut Aussagen des Wärters gegen die Tür geschlagen.»

Auch Besuche holen ihn höchstens für kurze Zeit in die Realität zurück. So heisst es am 15. September 1900: «Hatte gestern n/M. Besuch, war sehr ruhig und nett. Heute Nacht fortwährend unruhig. Sagt heute, es sei sehr kritisch gewesen. Man habe von oben heruntergerufen, er müsse ein Desinfectionsbad nehmen in Schwefelsäure, ebenso seine Frau und Kinder. Sie würden nach den Philippinen versetzt. Allerlei gefährliche Experimente würden gemacht. Das sei gefährlich. Man höre alles, weit herum, auf allen Sternen im Himmel. Früher hätte er das nicht geglaubt, aber jetzt verkehre er mit denselben. Dr. Sonderegger fliege auch in der Luft herum.»

Der Widerstand gegen die Behandlung scheint zuzunehmen. So heisst es im November 1900: «Gab heute morgen einem Wärter, der ihn half in's Bad tun, einen Fusstritt. Meinte dem Ref. gegenüber, der ihn darüber zur Rede stellte, die Wärter könnten etwas sanfter mit ihm verfahren. Wenn er Verbindg habe und verliere die so plötzlich, so sei er ganz verloren. – Sperrt sich immer so stark er kann, wenn er von irgend einem Arzt zu einem andern hingehen muss.» Einen Monat später: «Hat eine Leiste aus der Zellenwand herausgeschlagen.»

Im Januar 1901 bilanziert der Arzt einen Stillstand im vergangenen Jahr: «Zeigt den gleichen Zustand, wie vor einem Jahr. Ob seine Intelligenz abgenommen hat, ist schwer zu sagen. Er beschäftigt sich mit nichts anderem, als mit dem Inhalt seiner Halluzinationen, hie und da ergeht er sich, wenn er ganz guter Stimmung ist, in Reminiszenzen aus seiner Jugendzeit, die er mit Humor erzählt. Das Interesse für irgendwelche Arbeit oder Frage fehlt auf jeden Fall. In Beziehung auf Kleidung und auf Reinlichkeit scheint er auch sehr gleichgültig geworden zu sein. Ist hie und da mit Koth und oft mit Urin unrein u. macht sich gar nichts draus. Im Lauf des Sommer's war er öfter draussen im Hof. Dort suchte er gewöhnlich die schmutzigsten Winkel, in der Nähe des Abtritts oder beim Brunnen, auf, sass am Boden und wühlte mit den Händen in der Erde herum. Fast immer hatte er Nahrungsreste, Erde, Steine oder Gras in der Hand und war nicht dazu zu bringen das herzugeben.»

Abb. 25: Ulrich Baumann, um 1900. Das Foto wurde von der Irrenanstalt gegen Ende seines Lebens vermutlich zu Dokumentationszwecken gemacht und in der Krankenakte abgelegt. Es zeigt eine zerfallene, leicht verwahrloste Person. Aus dem fordernd scharfen Blick der Jugend ist ein stechend leerer geworden.

«Patient war in den letzten Monaten etwas ruhiger», stellt ein neuer Betreuer im April 1901 fest, «lärmte vor allem in der Nacht nicht mehr so viel, konnte am Tage meist nachmittags aus dem Bade genommen werden. Bei Besuchen der Angehörigen war er stets ordentlich, unterhielt sich recht. – In den letzten Tagen wieder sehr stark unruhig. Hat man ihn am Nachmittage aus dem Bad in den Saal genommen, so muss er meist nach 2 Stunden wieder isoliert werden, da er auf die Tische steigt, erregt im Saal hin u. her läuft u. dabei ständig seine eigentümlichen lauten langgezogenen Töne von sich giebt. Fragt man ihn, warum er so laut sei, so antwortet er meist ‹es sei halt wieder etwas kritisch›. Oft speit er auch an die Wände u. verreibt das mit den Händen.

In der letzten Nacht ist er unruhig wie lange nicht gewesen. Er hat gewaltig gegen die Thür gepoltert u. hat laute Töne ausgestossen. Heute morgen sagt er, er habe gemeint, man wolle die Schweiz annektiren, überrumpeln, er müsse die Überrumpelung abwehren, er müsse nach oben u. unten, nach rechts u. links hin tönen.»

Im Juli 1901 wird er versetzt – ob aus finanziellen Gründen oder weil er nun als hoffnungsloser Fall gilt, ist nicht klar: «Am 1. d. M. ist er von der Pensionnärklasse in die allgemeine Klasse versetzt, er ist davon so gut wie gar nicht berührt. – In den letzten Monaten im Allgemeinen gleich, zeitweise ruhiger, zeitweise aufgeregter, wo er dann im Hof laut ‹trompetet›, gegen die Wände, die Blechwand des Pissoirs schlägt, ‹es ist kritische Situation›. Seine Redeweise ist langsam, jedes Wort kommt einzeln heraus nach langer Pause. Er treibt sich noch immer mit Vorliebe in den schmutzigsten Winkeln des Hofes herum, hat meist Gras, Erde, Überreste vom Essen in der Hand, den Taschen, giebt nichts davon her. Nachts häufig sehr laut, schmiert auch zuweilen.»

Erst ein halbes Jahr später der nächste Eintrag, der den langsamen Verfall konstatiert: «Beschäftigt sich tagsüber des öftern mit seinen Halluzinationen, sammelt kl. Gegenstände: Holzspreisel Papierfetzen etc. & trägt i/s Händen wohlverwahrt mit sich rum, gibt sie nur ungern weg. Zeitweise aufgeregt, bekommt dann allemal ein Bad, worauf er sich beruhigt. Schmiert vorläufig nicht mehr, horcht zu wenn man mit ihm spricht & beantwortet auch das Meiste, doch besinnt er sich oft länger & spricht alsdann in langsam, gezogenen Sätzen.»

Die Einträge werden nun seltener und knapper, meist ähnlich wie im Februar 1902: «Heute Mittag sehr stark aufgeregt, kommt in's Bad. Bei der Abendvisite i/ Deckelbad wieder beruhigt.» Einige Monate später: «Hat heute zum ersten Mal seine Faeces in die Hosen entleert.» Einerseits wird er als fast abwesend dargestellt, anderseits hat er offenbar weiterhin ein Bewusstsein der familiären Realität, wie der Eintrag vom Februar 1903 zeigt: «Pat ist in der letzten Zeit wieder sehr unruhig, am Tage und in der Nacht, muss oft im Bade sein, verstopft gern Löcher, sammelt alles alltägliche auf, arbeitet noch an den Fenstern herum, schreit viel mit eintöniger, weit hörbarer Stimme. Antwortet auf Fragen recht langsam, interessiert sich bei Besuchen seiner Frau wegen seiner Angehörigen.»

Aber auch der Familie bleibt der Verfall nicht verborgen. So notiert ein neuer Betreuer im November 1903: «Status idem, blödes verwundertes

Abb. 26: Die Kinder von Ulrich Baumann, Ende der 1890er-Jahre. Das Familienporträt ohne Eltern entstand vermutlich in der Anfangszeit des Aufenthalts des Vaters in Münsterlingen – gut möglich, dass die Mutter es anfertigen liess, damit er ein Bild seiner Kinder vor sich hatte, spricht er doch in den Briefen immer wieder von ihnen. Auffällig ist, dass die Kinder und Jugendlichen sich der seltenen Situation des Fotografiertwerdens durchaus selbstbewusst stellen; ernst und ein bisschen steif zwar, wie das bei solchen inszenierten Ablichtungen damals war, aber im Habitus durchaus selbstbewusst bürgerlich, wie es der Vater vermutlich vorgemacht hatte – auch wenn man mittlerweile auf kargem Niveau lebte. Ob die Kleider für die Fotografie geliehen waren? Falls ja, dann lassen es sich die beiden älteren Mädchen nicht anmerken.

Abb. 27: Wilhelmine (Mina) Baumann-Maier, um 1930. Von der Ehefrau Ulrich Baumanns, die nicht nur die Karriere ihres Mannes tatkräftig unterstützt hatte, sondern auch die fünf Kinder mit kärglichen Mitteln über die meiste Zeit allein durchbringen musste, gibt es nur Fotos aus dem Alter. Dieses Porträt im Alter von 75 Jahren zeigt eine selbstbewusste, in sich ruhende Frau; weder ihre harte Jugend noch die späteren Schicksalsschläge konnten ihr anscheinend viel anhaben.

Gesicht. Sehr langsame Bewegungen. War heute während dem Besuche seiner Frau unrein.» Einige Monate später hat sich sein Zustand deutlich verschlechtert: «Pat ist schon zwei Monate im Bette, weil er sehr unrein wurde. Kann nicht stehen, kann ohne Hilfe nicht gehen. Zittert mächtig an den Händen, Tremor und schlechte Coordination der Bewegungen der Zunge. Pat kann nicht mehr allein essen, man muss ‹einschoppen›, schläft fast den ganzen Tag. Giebt auf viele Fragen keine Antwort. Spricht sehr langsam, schmierend oder mühsam articulierend. Sehr unrein. Rechte Pupille > [grösser als] linke. Sehnenreflexe erloschen. Analgesie [Schmerzlosigkeit]. Man kann die Haut durchstechen: kein Schmerz. Schlaffe Gesichtsmuskeln. Weiss sich im März 1904, gefragt *wo* er sei, antwortet er, er sei in Münsterlingen gewesen. Er sei hier seit 1898? 1899? Keine bestimmte Antwort. Seit wann er im Bette sei? Keine Antwort. Giebt auch manchmal ganz inadäquate Antworten.»

Langsam dämmert Ulrich Baumann im Bett in Münsterlingen weg. Am 1. Oktober 1904 heisst es: «Immer im Bett, ruhig, auf Anreden reagiert er immer ziemlich rasch mit Anblicken. Antworten nur selten u. so *leise*, dass man sie kaum verstehen kann, dabei ausgesprochen *scandierende* Sprache, kein Silbenstolpern.» Der körperliche Verfall setzt ein:

«Isst spontan, genügend, magert aber rapid ab.» Am 25. Dezember kollabiert er, am 27. Dezember 1904 stirbt er. Die Sektion bestätigt die Syphilis.

Ulrich Baumann hinterliess seine Frau und fünf Kinder, die freilich de facto schon seit sechseinhalb Jahren auf eigenen Beinen stehen mussten – das Restaurant und der kleine Bauernbetrieb sicherten ein bescheidenes Überleben. Zur Zeit seiner Einweisung in Münsterlingen waren die älteren Töchter neunzehn und sechzehn Jahre alt, die Söhne vierzehn und zwölf und die jüngste Tochter neun. Die beiden Ersteren heirateten später nach St. Gallen. Der ältere Sohn wurde Fabrikarbeiter bei Saurer in Arbon und glühender Sozialdemokrat; noch im Alter war er stolz auf seine Teilnahme am Generalstreik von 1918, und als er mit über achtzig Jahren starb, wünschte er sich, dass man ihm jedes Jahr am 1. Mai einen roten Nelkenstrauss aufs Grab stelle. Der jüngere übernahm den Bauernbetrieb und das Wirtshaus von seiner Mutter und leitete bis in die 1930er-Jahre hinein die örtliche demokratische Partei, die er lange Jahre im Gemeinderat vertrat – wegen seiner Ansichten zu sozialen Fragen wurde er von Gegnern auch mal als «Sozi-Bauer» geschmäht. Die jüngste Tochter, früh verwitwet, führte einen Mercerie- und Kaffeeladen in ihrem Heimatdorf und wurde noch jahrzehntelang von älteren Leuten «Präsidents Anneli» genannt.

Ein exemplarisches Schicksal

Die zweite Hälfte des 19. Jahrhunderts war keine schlechte Zeit für einen begabten Bauernsohn, der etwas werden wollte. Und der Thurgau war kein schlechter Ort für einen solchen Bildungsweg. Eine bildungsfreundliche Atmosphäre und eine erstaunliche Offenheit für einen unkonventionellen Lebensweg scheinen den anfangs kränklichen Jüngling getragen zu haben. Die ländliche Gesellschaft der Zeit präsentiert sich hier weniger statisch, als man sie sich vielleicht vorstellt. Da gibt es nicht nur den jungen Juristen Ulrich Baumann, der schnell Karriere macht, obwohl er alles andere als konforme Ideen vertritt. Da gibt es auch den jungen Pfarrer, der sich für den Jüngling einsetzt, später in den Schulbereich wechselt und, als seine Pläne scheitern, nach Amerika auswandert. Eine Gesellschaft im Aufbruch, geprägt von einem fortschrittsgläubigen Liberalismus. Eine Gesellschaft auch, die offensichtlich einen nicht so konventionellen Lebensstil durchaus akzeptierte und die schliesslich bemerkenswert gelassen und diskret auf die psychische Erkrankung reagierte.

Sicher muss der junge Mann etwas an sich gehabt haben, das Menschen begeistern konnte – denn in zwei umstrittenen Wahlen setzte er sich jeweils erst im dritten Wahlgang durch, wobei er von Wahlgang zu Wahlgang viele Stimmen dazugewann. Was es war, dazu haben wir wenig Hinweise gefunden, ausser, dass er ein guter Redner gewesen sein soll. Seine Auftritte in den späten 1880er-Jahren, die zunehmend zu Kritik – vielleicht übertriebener Kritik – seiner Gegner Anlass gaben und von diesen als exzentrisch gewertet wurden, dürften eher Vorboten der Krankheit sein; jedenfalls beeindruckte das seine Anhängerschaft lange nicht.

Die Situation des Umbruchs einer ländlichen, sich industrialisierenden Gesellschaft spiegelt sich in den politischen Ideen, um die es ging. Die Opposition der bisher zu kurz Gekommenen gegen das freisinnige System nahm zu: auf der Rechten als katholisch-konservative, auf der Linken als sozialreformerische; beide sahen die Lösung in mehr Demokratie, das konnte die Basis für partielle Bündnisse bilden. Der Wahlsieg Ulrich Baumanns war nicht nur für den thurgauischen, sondern für den schweizerischen Freisinn ein Signal, dass er sich mit einer der beiden Kräfte würde arrangieren müssen. Er entschied sich für die landesweit stärkere konservative Rechte, die in den nächsten Jahren zügig in den Bundesstaat integriert wurde. Bereits 1891 wurde der historische Kompromiss weithin sichtbar durch die Wahl des ersten katholisch-konservativen Bundesrats, symbolisch unterstrichen durch die erstmalige Feier des Bundes von 1291, womit nicht nur das Nationalgefühl gestärkt, sondern auch die katholische Innerschweiz zur Wiege der modernen Schweiz erklärt wurde. So verweist die Episode der kurzen politischen Karriere von Ulrich Baumann auf die grosse Entwicklung des Landes.

So gut die Zeit für einen Aufstieg durch Bildung war, so schlecht war sie, wenn man an der Syphilis erkrankte; dafür kannte sie kein Heilmittel. Die Krankenakte zeigt uns die Hilflosigkeit der Ärzte und die Trostlosigkeit eine solchen Schicksals, das Ulrich Baumann mit Abertausenden teilte, darunter die grössten Geister des 19. Jahrhunderts. Immerhin gönnte ihm die Krankheit, ungleich vielen anderen, noch eine Pause, in der er seine Kinder aufwachsen sah und in der er in der Gemeinde seine Spuren hinterlassen konnte. Und selbst aus den verwirrten Äusserungen in der Krankenakte schimmern immer wieder klare Vorstellungen und ein schalkhaftes Wesen hervor – Züge eines Charakters, dem es eine Zeitlang gelungen war, viele Menschen für sich zu gewinnen.

Dank

Für die Unterstützung beim Suchen von Quellen danke ich den Mitarbeiterinnen und Mitarbeitern der benutzten Archive, besonders der Staatsarchive Thurgau und St. Gallen, sowie Rolf Blust, der das Archiv der Gemeinde Egnach betreut. Margrit und Tibor Klaber danke ich für die kritische Durchsicht aus psychiatrischer Sicht.

Für Druckkostenbeiträge bin ich der Gemeinde Egnach, dem Lotteriefonds des Kantons Thurgau, der Jubiläumsstiftung der Thurgauischen Kantonalbank sowie der Thurgauischen Kulturstiftung Ottoberg dankbar.

W. B.

Anmerkungen

1. Neue Zürcher Zeitung, 31. Dezember 1904.
2. Vögeli 1977.
3. Zitiert nach Brugger 1935, S. 3.
4. Zitiert nach Loepfe 2014, S. 17. Die auf einem alten Stereotyp beruhende Gleichsetzung von Juden und Geldverleihern, die daher auch «christliche Juden» sein konnten, trifft man ab und zu in zeitgenössischen Dokumenten. Auch von Ulrich Baumann ist ein Satz aus dem Grossen Rat überliefert, der diese Gleichsetzung macht und nach heutiger Auffassung als antisemitisch eingestuft würde: «Es sollen unsere wichtigsten Verkehrsmittel nicht den Juden gehören.» Thurgauer Zeitung, 25. Mai 1888. Nun ist Antisemitismus in den demokratischen Bewegungen der zweiten Hälfte des 19. Jahrhunderts zwar durchaus nicht unüblich, nichts spricht aber dafür, dass Baumann diese Haltung teilte – sein Telegramm an Madame Dreyfus von 1898 (siehe S. 100) spricht für eine gegenteilige Ansicht.
5. Graber 2017, S. 148.
6. Zimmer 2003, S. 183.
7. Dass er auch, wie Gruner und Eckstein notieren, Gastwirt gewesen sei, lässt sich nirgends belegen.
8. Archiv der evangelischen Kirchgemeinde Egnach, 13.1 Schulgemeinde Olmishausen. Alle Quellen werden in der originalen Orthografie zitiert.
9. Deebrunner 1948, S. 106.
10. Ms. Lebenslauf.
11. Koch 1987, S. 21.
12. StASG, A 404/2.00276, St. Gallische Heil- und Pflege-Anstalt St. Pirminsberg, Krankenakte U. B.
13. Der Oberthurgauer, Nr. 54, 1896.
14. StATG, Thurgauische Kantonal-Irrenanstalt Münsterlingen, Krankenakte U. B., Dossier 5.4 2039.
15. Schoop 1994, Bd. 3, S. 176.
16. StABS, Einwohnerkontrolle, und zum Folgenden StABS, Pädagogium U27.
17. Gruner 1968, S. 566.
18. StAZH, UU 24.1 und UU 24 a.2, Nr. 3662.
19. Amtsblatt des Kantons Thurgau 1851, S. 214 ff.
20. Specker 1976.
21. Voegtle 1973, S. 11.
22. Thurgauer Zeitung, 14. März 1875, im Folgenden auch Zeitungsausschnitte in «Lesefrüchte».
23. Thurgauer Zeitung, 3. März 1875.
24. StATG, Kaufprotokoll, Bd. 14, 2453, Kataster, Bd. 11.
25. Archiv der Gemeinde Egnach, B. 09./022.
26. Stadtarchiv Zürich, Einwohnerkontrolle.
27. StATG, Thurgauische Kantonal-Irrenanstalt Münsterlingen, Krankengeschichte Ulrich Baumann 1898–1904.
28. Vogelsanger 1883, S. 62.
29. Thurgauer Zeitung, 25. Oktober 1878, auch 20. Oktober 1878; Schweizerische Bodensee-Zeitung, 20. Oktober 1878.
30. Thurgauer Zeitung, 22. und 23. Oktober 1878.
31. Der Grütlianer, 25. Oktober 1878; Arboner Bote, 24. Oktober 1878.
32. Thurgauer Zeitung, 2. November 1878.
33. Zitiert nach Graber 2013, S. 458.
34. Arboner Bote, 3. November 1879.
35. Der Oberthurgauer, 22. Dezember 1904.
36. Archiv der Stadt Arbon, ORG08 F0001.
37. Archiv der Stadt Arbon, MAG G0075.
38. Arboner Bote, 7. Juli 1880.
39. So 1857, Vogelsanger 1883, S. 34.
40. Vogelsanger 1883, S. 80 ff.

41 Der Grütlianer, 25. Oktober 1878.
42 Schweizerische Nationalbibliothek, Bern, Spezialsammlung Grütliverein.
43 Arboner Bote, 31. Dezember 1884.
44 Thurgauer Zeitung, 9. September, 12. und 20. Oktober 1887.
45 Der Grütlianer, 22. Oktober 1887.
46 Thurgauer Tagblatt, 27. Oktober 1887.
47 Thurgauer Tagblatt, 30. Oktober 1887.
48 Thurgauer Zeitung, 2. November 1887.
49 Rentsch 1945; Renk 1972.
50 Jahresrückblick pro 1888, Nachlass U. B.
51 Thurgauer Zeitung, 2. und 8. November 1887.
52 Thurgauer Tagblatt, 4. November 1887.
53 Thurgauer Tagblatt, 18. und 21. Februar 1888.
54 Thurgauer Zeitung, 9. März 1888.
55 Thurgauer Tagblatt, 24. Mai 1888.
56 Der Grütlianer, 26. Dezember 1888, 2. Januar 1889.
57 Der Oberthurgauer, 5. Januar 1889.
58 Thurgauer Wochenzeitung, 10. Januar 1889.
59 Heer 1913, S. 57.
60 Thurgauer Zeitung, 8. und 12./13. Januar 1889.
61 Thurgauer Zeitung, 26./27. Januar 1887.
62 Thurgauer Tagblatt, 12. Januar 1889.
63 Thurgauer Zeitung, 7. Februar 1889.
64 Thurgauer Wochenzeitung, 20. Januar 1889.
65 Thurgauer Tagblatt, 5. Februar 1889.
66 Zitiert nach Thurgauer Tagblatt, 1. Februar 1889.
67 Zitiert nach Thurgauer Tagblatt, 10. Februar 1889.
68 Neue Zürcher Zeitung, 7. Februar 1889.
69 Thurgauer Tagblatt, 6. Dezember 1889.
70 Thurgauer Zeitung, 9. Februar 1889.
71 Schweizerische Bodensee-Zeitung, 11. Januar und 10. Februar 1889.
72 Thurgauer Wochenzeitung, 10. Februar 1889.
73 Thurgauer Tagblatt, 10. Februar 1889.
74 Archiv der Stadt Arbon, MAG B 0003.
75 Schweizerische Bodensee-Zeitung, 13. Februar 1889.
76 Thurgauer Wochenzeitung, 14. Februar 1889.
77 Der Grütlianer, 13. Februar 1889.
78 Neue Zürcher Zeitung, 16. Februar 1889.
79 Heer 1913, S. 59.
80 Schweizerische Bodensee-Zeitung, 13. Dezember 1889.
81 Thurgauer Zeitung, 13. Dezember 1889.
82 Thurgauer Tagblatt, 14. Dezember 1889.
83 Die Ostschweiz, 15. Dezember 1889.
84 Schweizerische Bodensee-Zeitung, 18. Dezember 1889.
85 Zitiert nach Schweizerische Bodensee-Zeitung, 11. Oktober 1889.
86 Gruner 1977, S. 74.
87 Ebd., S. 82.
88 Arboner Bote, 24. Oktober 1878.
89 Gruner 1987/88, Bd. 3, S. 81.
90 Zitiert nach Balthasar/Gruner 1989, S. 367.
91 Arboner Bote, 1. Januar 1880.
92 Gruner 1977, S. 99.
93 Zitiert nach Holenstein 1915.
94 Zitiert nach Gruner 1987/88, Bd. 1, S. 92.
95 Curti o. J., S. 705.
96 Ammann 1930, S. 119.
97 Voegtle 1973, S. 11.
98 Thurgauer Tagblatt, 5. Juni 1889.
99 Eckstein 1989, S. 18 f.
100 Ebd., S. 121 ff.

101 Thurgauer Tagblatt, 26. Oktober 1890 und 30. Dezember 1904.
102 Thurgauer Zeitung, 3. November 1887.
103 Thurgauer Zeitung, 27. Januar 1889.
104 Thurgauer Zeitung, 6. Februar 1889.
105 Neue Zürcher Zeitung, 7. Februar 1889.
106 Neue Zürcher Zeitung, 16. Februar 1889.
107 Thurgauer Wochenzeitung, 10. Januar 1889.
108 Thurgauer Wochenzeitung, 20. Januar 1889.
109 Zitiert nach Gruner 1987/88, Bd. 1, S. 92.
110 Schweizerische Bodensee-Zeitung, 8. Februar 1889.
111 Schweizerische Bodensee-Zeitung, 13. Februar 1889.
112 Zitiert nach Thurgauer Wochenzeitung, 25. Oktober 1890.
113 Thurgauer Tagblatt, 23. Oktober 1890.
114 Thurgauer Zeitung, 5. Oktober 1889.
115 Thurgauer Tagblatt, 17. Oktober 1990.
116 Thurgauer Wochenzeitung, 21. Oktober 1890.
117 Thurgauer Tagblatt, 22. Oktober 1890.
118 Thurgauer Tagblatt, 26. Oktober 1990.
119 Thurgauer Wochenzeitung, 27. Januar 1889.
120 Thurgauer Zeitung, 6. Februar 1889.
121 Heer 1913, S. 58.
122 Sibalic 1996, S. 36.
123 Zitiert nach ebd., S. 65.
124 StASG, A 404/2.00276, St. Gallische Heil- und Pflege-Anstalt St. Pirminsberg, Krankenakte U. B.
125 StATG, Thurgauische Kantonal-Irrenanstalt Münsterlingen, Krankenakte U. B., Dossier 5.4 2039.
126 Korr. in ebd.
127 Bleuler 1979, S. 233.
128 Krafft-Ebing 1890, S. 684.
129 Bäumler 1967, S. 112 ff.
130 Zitiert nach Sibalic 1996, S. 66.
131 Winkle 2005, S. 587.
132 Ebd., S. 592 ff.
133 Ebd., S. 578.
134 Brief vom 23. Dezember 1889, in: Krankenakte St. Pirminsberg.
135 H. Garfinkel zitiert nach Hoffmann-Richter/Finzen 1998, S. 280.
136 Hoffmann-Richter/Finzen 1998, S. 286.
137 Schott/Tölle 2006, S. 299.
138 Wille 1878, S. 29.
139 Höchli 1982, S. 40.
140 Zitiert nach Sibalic 1996.
141 Brief in der Krankenakte St. Pirminsberg.
142 Zitiert nach Winkle 2005, S. 551.
143 Schott/Tölle 2006, S. 425 f.
144 Krafft-Ebing 1890, S. 688.
145 Dieser und der folgende Brief in der Krankenakte Münsterlingen, StATG, 9'10, 5.4/2039.
146 Archiv der Gemeinde Egnach, Protokoll des Gemeinderats, 28. Mai 1890.
147 Krafft-Ebing 1890, S. 689; Bleuler, S. 235.
148 Thurgauer Tagblatt, 17. Oktober 1990.
149 StATG, 9'10, 5.4/2039, Krankenakte Ulrich Baumann Münsterlingen.
150 Blust 2013, S. 25.
151 Archiv der Stadt Arbon, OGA F 0151.
152 Blust 2013, S. 28.
153 Koch 1987, S. 84 ff.
154 Zitiert nach Blust 2013, S. 30.
155 StATG, Protokoll des Grossen Rats, 17. März 1891.
156 Ammann/Studer 1990, S. 100.
157 Ebd., S. 101.

Bibliografie

Ungedruckte Quellen

Nachlass Johann Ulrich Baumann in Familienbesitz
Archiv der Stadt Arbon
Archiv des Historischen Museums Arbon
Archiv der Gemeinde Egnach
Archiv der evangelischen Kirchgemeinde Egnach

Schweizerisches Bundesarchiv
Akten des Ständerats

Schweizerische Nationalbibliothek Bern
Archiv des Schweizerischen Grütlivereins (ungeordnet)

Staatsarchiv des Kantons Basel-Stadt (StABS)
Akten Pädagogium
Einwohnerkontrolle

Staatsarchiv des Kantons Thurgau (StATG)
Thurgauische Kantonal-Irrenanstalt Münsterlingen, Krankenakte U. B., Dossier 5.4 2039
Protokolle über die Verhandlungen des Lehrerkonvents der thurgauischen Kantonsschule
Kaufprotokolle, Bd. 11 2453
Kataster Egnach, Bd. 11
Protokolle des Grossen Rates
Militär-Etat der thurgauischen Truppen
Akten des Obergerichts

Staatsarchiv des Kantons St. Gallen (StASG)
A 404/2.00276, St. Gallische Heil- und Pflege-Anstalt St. Pirminsberg, Krankenakte U. B.

Staatsarchiv des Kantons Zürich (StAZH)
Matrikel Universität Zürich

Stadtarchiv Zürich
Einwohnerkontrolle

Zeitungen

Arboner Bote, ab 1889: Der Oberthurgauer
Der Grütlianer
Die Ostschweiz
Neue Zürcher Zeitung
Schweizerische Bodensee-Zeitung, Romanshorn
Thurgauer Tagblatt
Thurgauer Volkszeitung, Amriswil
Thurgauer Wochenzeitung, ab 1900: Der Wächter
Thurgauer Zeitung

Gedruckte Quellen

Amtliches Verzeichniss des Personals der Lehrer, Beamten und Studirenden an der königlich bayerischen Ludwig-Maximilians-Universität zu München.
Amtsblatt des Kantons Thurgau.
Balthasar, Andreas, Erich Gruner: Soziale Spannungen – wirtschaftlicher Wandel. Dokumente zur Schweiz zwischen 1880 und 1914, Bern 1989.
Curti, Theodor: Geschichte der Schweiz im XIX. Jahrhundert, Neuenburg o. J.
Deebrunner, Gottfried: Aus dem Leben eines thurg. Volksschullehrers vor hundert Jahren (verfasst 1878), in: Thurgauische Beiträge zur vaterländischen Geschichte 83, Frauenfeld 1948.
Graber, Rolf: Wege zur direkten Demokratie in der Schweiz. Eine kommentierte Quellenauswahl von der Frühneuzeit bis 1874, Wien Köln Weimar 2013.
Historische Statistik der Schweiz, hg. von Heiner Ritzmann-Blickenstorfer, Hansjörg Siegenthaler, Zürich 1996.
Krafft-Ebing, Richard von: Lehrbuch der Psychiatrie auf klinischer Grundlage. Für praktische Ärzte und Studirende, 4., teilweise umgearbeitete Auflage, Stuttgart 1890.
Kreis, Johann Georg: «Predigen – oh Lust und Freude». Erinnerungen eines Thurgauer Landpfarrers 1820–1906, hg. von André Salathé, Zürich 1998.
Petition des thurgauischen landwirtschaftlichen Vereins, unterstützt durch die landwirtschaftl. Gesellschaft des Kant. St. Gallen betreffend den Entwurf eines eidgn. Betreibungs- und Konkursgesetzes, St. Gallen 1887.
Scherrer, Heinrich: Das schweiz. Arbeitersekretariat. Akten, St. Gallen 1888.
Scherrer-Füllemann, J.: Die Verfassungsrevision im Kanton St. Gallen vom Standpunkte des demokratischen Programms aus, St. Gallen 1889.
Vogelsanger, J.: Der schweizerische Grütliverein. Dessen Entstehung, Geschichte und Thätigkeit, St. Gallen 1883.
Wille, Ludwig: Allgemeine Grundsätze bei der Behandlung der Psychosen, in: Berliner klinische Wochenschrift, Jg. 15, 1878.

Literatur

150 Jahre Psychiatrische Klinik St. Pirminsberg 1847–1997, Pfäfers 1997.

Abriss zur Geschichte der Kantonsschule Frauenfeld, www.kanti-frauenfeld.ch/index.php?id=495.

Ammann, Josef: Theodor Curti, der Politiker und Publizist, Dissertation Zürich 1930.

Ammann, Jürg, Karl Studer (Hg.): 150 Jahre Münsterlingen. Das Thurgauische Kantonsspital und die Psychiatrische Klinik 1840–1990, Weinfelden 1990.

Bäumler, Ernst: Amors vergifteter Pfeil. Kulturgeschichte einer verschwiegenen Krankheit, Hamburg 1967.

Bleuler, Eugen: Lehrbuch der Psychiatrie, 14. Auflage, neu bearbeitet von Manfred Bleuler, Berlin, Heidelberg, New York 1979.

Blust, Rolf: Geschichte des Egnachs, Egnach 1980.

Blust, Rolf: Korporationen (Egnacher Heimatbuch 2), Egnach 2013.

Brugger, Hans: Die thurgauische Landwirtschaft seit 1848, in: Thurgauer Bauer, Nr. 48, 1953.

Brugger, Hans: Geschichte der thurgauischen Landwirtschaft und des Thurgauischen landwirtschaftlichen Kantonalverbandes von 1835 bis 1935, Frauenfeld 1935.

Bünzli, Kurt: Arbon vor dem Ersten Weltkrieg. Wirtschaftlicher und sozialer Wandel in der Kleinstadt (Thurgauer Beiträge zur Geschichte, Bd. 129), Frauenfeld 1991.

Eckstein, Martin: Die demokratische Partei des Kantons Thurgau (1889–1932) (Thurgauer Beiträge zur Geschichte, Bd. 126), Frauenfeld 1989.

Farner, Hans: Die Geschichte des schweizerischen Arbeiterbundes, Dissertation Universität Zürich, 1923.

Graber, Rolf: Demokratie und Revolten. Die Entstehung der direkten Demokratie in der Schweiz, Zürich 2017.

Gruner, Erich: Die Arbeiter in der Schweiz im 19. Jahrhundert, Bern 1968.

Gruner, Erich: Die Parteien in der Schweiz, 2., neu bearbeitete und erweiterte Auflage, Bern 1977.

Gruner, Erich: Arbeiterschaft und Wirtschaft in der Schweiz 1880–1914. Soziale Lage, Organisation und Kämpfe von Arbeitern und Unternehmern, politische Organisation und Sozialpolitik, 3 Bände, Zürich 1987/88.

Heer, Gottfried: Der Schweizer Ständerat 1848–1908, 3. Heft: Die Abgeordneten des Kantons Thurgau, Sonderabdruck Thurgauer Zeitung [1913].

Historisches Lexikon der Schweiz, www.hls-dhs-dss.ch.

Höchli, Dominique: 60 Jahre schizophren. Die Lebensgestalt R. G. als Spiegel einer Krankheit, der Psychiater, der Psychiatrie, Zürich 1982.

Hoffmann-Richter, Ulrike, Asmus Finzen: Die Krankengeschichte als Quelle. Zur Nutzung der Krankengeschichte als Quelle für Wissenschaft und psychiatrischen Alltag, in: Bios 11 (1998).

Holenstein, T[homas]: Theodor Curti, Stans 1915, Sonderabdruck Schweizerische Rundschau.

Keller, Stefan: Die Zeit der Fabriken. Von Arbeitern und einer Roten Stadt, Zürich 2001.
Koch, Walter: Geschichte der Gemeinde Egnach, Egnach (1987).
König, Malte: Syphilisangst in Frankreich und Deutschland 1880–1940. in: ders. (Hg.): Infiziertes Europa. Seuchen im langen 20. Jahrhundert (Historische Zeitschrift. Beihefte. Neue Folge, Bd. 64), München 2014.
Loepfe, Willi: Aufstieg und Untergang der Thurgauischen Hypothekenbank (1851–1914) (Thurgauer Beiträge zur Geschichte, Bd. 151), Frauenfeld 2014.
Müller, Felix: Lieber national als international. Der Grütliverein zwischen nationaler und sozialer Identifikation; in: Urs Altermatt, Catherine Bosshart-Pfluger, Albert Tanner (Hg.): Die Konstruktion einer Nation. Nation und Nationalisierung in der Schweiz, 18.–20. Jahrhundert, Zürich 1998.
Renk, Hansjörg: Bismarcks Konflikt mit der Schweiz, Basel 1972.
Rentsch, Hans U.: Bismarck im Urteil der schweizerischen Presse, 1862–1898, Basel 1945.
Schoop, Albert: Geschichte des Kantons Thurgau, 3 Bände, Frauenfeld 1987–1994.
Schott, Heinz, Rainer Tölle: Geschichte der Psychiatrie. Krankheitslehren, Irrwege, Behandlungsformen, München 2006.
Sibalic Vladimir: Die Geschichte der Psychiatrischen Klinik St. Pirminsberg, medizinische Dissertation, Universität Zürich, Dietikon 1996.
Specker, Louis: Landammann Heinrich Scherrer (1847–1919), in: Toggenburger Annalen 1976.
Vögeli, Alfred: Evangelisch Egnach 1727–1977, Egnach 1977.
Voegtle, O.: «Joseph Anton Scherrer-Füllemann», in: Neujahrsblatt 113, hg. vom Historischen Verein St. Gallen, 1973, S. 11 ff.
Wegmann, Jakob: Lebenserinnerungen, Amriswil 1995.
Winkle, Stefan: Geisseln der Menschheit. Kulturgeschichte der Seuchen, 3. Auflage, Düsseldorf 2005.
Wipf, Hans-Ulrich, Mario König, Adrian Knoepfli: Saurer. Vom Ostschweizer Kleinbetrieb zum internationalen Technologiekonzern, Arbon 2003.
Zimmer, Oliver: A Contested Nation. History, Memory and Nationalism in Switzerland, 1761–1891, Cambridge 2003.

Bildnachweis

Abb. 1: Amt für Denkmalpflege Thurgau, Foto 00.219.10.
Abb. 2: StATG, Slg. 2.8, 43/2, 97.
Abb. 3: StABS Hö B 98.
Abb. 4: StABS AL 25, 4.
Abb. 5: StABS AL 45, 5-54-1.
Abb. 6: Archiv der evangelischen Kirchgemeinde Egnach, Familiendossier Baumann.
Abb. 7: Familienbesitz, Nachlass J. U. Baumann.
Abb. 8: Familienbesitz.
Abb. 9: StASG, BMA 429a.
Abb. 10: StATG, Slg. 2.8, 43/2, 30; Fotografie: © Staatsarchiv des Kantons Thurgau
Abb. 11: Familienbesitz.
Abb. 12: StATG, Slg. 2.8, 12/9, 1.
Abb. 13: StATG, Slg. 2.8, 12/7, 31.
Abb. 14: Familienbesitz.
Abb. 15: Familienbesitz.
Abb. 16: StATG, Bildersammlung: Georg Leumann.
Abb. 17: Burgerbibliothek Bern, FPa.10, Nr. 1.
Abb. 18: Staatsarchiv St. Gallen, KA R.120-4-6a-e.14.
Abb. 19: StATG, 9'10, 1.7.0.0/0.
Abb. 20: StATG, Slg. 2.8, 167.
Abb. 21: StATG, 9'10, 1.7.0.1/1.
Abb. 22: StATG, 9'10, 1.7.0.1/1.
Abb. 23: StATG, 9'10, 1.7.0.1/1.
Abb. 24: StATG, 9'10, 1.7.0.1/1.
Abb. 25: StATG, 9'10, 5.4/2039.
Abb. 26: Familienbesitz.
Abb. 27: Familienbesitz.